KB119750

원하는 것을 얻는 사람은
3마디로
말한다

원하는 것을 얻는 사람은

3 마디로
말한다

오수향 지음

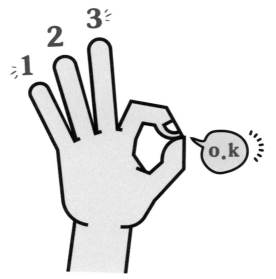

위즈덤하우스

"적절하며 가능한 한 짧게,
그러나 항상 쉽게 말하라.
대화의 목적은 허식이 아니라
원하는 것을 얻는 것이니까."

윌리엄 펜(William Penn)

3마디로 말하는 순간,
모든 것이 달라진다

말의 홍수 시대에 살고 있습니다. 어느 곳에 가든, 또 누군가를 만나든 넘쳐나는 말을 접하게 됩니다. 게다가 TV와 라디오에서 들려오는 말은 어떤가요? 시시각각 수없이 많은 말들이 쏟아지고 있습니다. 그런데 그 많은 말들 가운데 실속 있는 말은 찾아보기 힘든 게 사실입니다.

'실속 있는 말'이란 어떤 걸 뜻하는 걸까요? 군더더기 없으며 실제 알맹이가 되는 핵심을 갖춘 말을 말합니다. 어제와 오늘, 이틀 동안 들었던 말을 한번 떠올려볼까요? 우리 주변에서 수많은 말들을 접하게 되지만 정작 그 가운데 탄탄한 알맹이, 즉 핵심을 갖춘 말은 얼마나 될까요? 그리 많지 않습니다. 이런 말들은 겉으로는 그럴싸해보이지만 조금만 신경 써서 들어보면 금방 실체가 드러납니다. 처음엔 대단해 보이고, 어딘가 모르게 매끄럽게 들립니다. 그렇지만 말을 듣는 사람이 그 말의 핵심을 파악하는 데 무진 애를 쓰게 합니다.

'그래서 어쨌다는 거야, 저 사람 말은 청산유수인데 핵심을 모르겠네.'
'이렇게 중요한 내용을 저렇게 두서없이 전하다니, 저런 무책임한 사람이 어딨어!'
'하나하나 좋은 말이긴 한데 도대체 정리가 되지 않았어. 어떻게 뭐부터 설명해야 하지?'

이런 경험을 자주해보셨을 겁니다. 강의와 연설을 들을 때, 회사에서 상사나 동료의 말을 들을 때, 혹은 자기소개와 보고를 해야 할 때, 발표를 해야 할 때, 쇼호스트의 홍보 멘트를 들을 때 그렇습니다. 누군가의 말을 듣거나, 직접 누군가에게 말을 해야 하는 모든 자리에서 '핵심만 쏙쏙 단번에 전달하는 기술'은 그 빛을 발합니다.

말하는 사람이 쏙쏙 알아듣게 하지 않는 말, 하품이 나오도록 지루한 말들은 말하는 사람의 에너지를 소모시키는 것은 물론 듣는 사람의 머리를 혹사시킵니다. 따라서 요령 있게 핵심만 말하는 게 중요합니다. 그래야 말하는 사람은 에너지 소비를 줄일 수 있으며, 듣는 이는 단박에 알아들을 수 있습니다. 말의 본분은 핵심을 실어 원하는 것을 얻는 데 있지, 쓸데없는 주변 이야기를 전달하는 데 있지 않습니다. 주변 이야기를 최대한 가지치기한 후 핵심만을 간추려 말해야 듣는 이의 마음을 움직여 결국 원하는 것을 얻어낼 수 있습니다.

그러면 어떻게 해야 간단하게 핵심을 전달할 수 있을까요? 무엇보다 중요한 건 바로 '요점 정리'입니다. 자기가 할 말을 일목요연하게 정리해야 합니다. 그래야 짧은 시간에 핵심을 상대에게 전달할 수 있습니다.

떨려서 말을 잘 못하거나, 횡설수설, 사족을 늘어놓는 이유는 요점 정리가 안 되었기 때문입니다. 그래서 무슨 말을 해야 할지 구체적인 상이 머리에 떠오르지 않고 또 끊임없이 소모적인 이야기만 늘어놓게 됩니다. 말하기 전에는 반드시 자신의 말을 글로 써서 정리한 후 말하는 습관이 필요합니다. 구체적인 방법들은 뒤에서 자세히 설명하겠지만 가장 좋은 방법은 '3마디'로 정리해보는 것입니다.

스티브 잡스, 링컨, 처칠, 정주영, 오바마 등 역사적으로 큰 성공을 거둔 인물의 말 속에는 한 가지 비밀이 있습니다. 바로 '3마디의 법칙'입니다. 그들 <u>인생에서 터닝 포인트가 된 결정적 순간에는 모두 3마디로 된 말 하나가 있었습니다</u>. 물론 모든 말을 3마디로 정리할 수는 없습니다. 하지만 상황을 반전시킬 강력한 한 방이 필요할 때 3마디로 된 말은 놀라운 힘을 발휘합니다. 이것은 3이라는 숫자가 가진 독특한 특성 때문입니다.

여기서 한 가지 의문이 생깁니다. 왜 '3'일까요? 전통적으로 말하기에서 가장 강력한 효과를 발휘하는 방식은 서론·본론·결론의 '3단계 화법'입니다. 이와 함께 본론에서 생각을 말할 때도 첫째, 둘째, 셋째의 '세 가지'로 항목으로 정리하는 게 바람직합니다. 말하기 형식에는 4단계 화법도 있고 또 본론에서 생각을 말할 때 두 가지로, 혹은 네 가지나 다섯 가지로 큰 줄기를 나눠 말할 수도 있습니다. 하지만 세 가지가 정답입니다. 3이라는 숫자는 완성, 안정, 간결함을 상징합니다. 따라서 말하기의 형식은 3단계 화법으로, 본론의 내용은 3가지로 정리하는 게 좋습니다.

이는 대화에도 적용됩니다. 3마디로 말할 때, 대화는 완벽해집니다. 가장 최소화된 말로 핵심을 전달할 수 있는 말은 3마디에 가깝습니다. 예시로 큰 임팩트를 남겼던 세 가지 말을 들어보겠습니다.

"저는 꿈이 없었습니다." - 방시혁의 말

"일단 한번 해봐(Just do it)." - 나이키의 광고 카피

"문제는 경제야, 바보야(It's economy, stupid)!" - 빌 클린턴의 선거 구호

방탄 소년단을 키운 방시혁 대표는 서울대 졸업 축사에서 이 한마디로 세간의 이목을 집중시켰습니다. 뻔한 성공담을 늘어놓을 것이라는 예상과는 전혀 다른 말이었기에 크게 화제가 되었습니다. 꿈은 없었지만 현실에 안주하지 않으려고 최선을 다해 노력해왔다는, 솔직하고도 담백하게 털어놓은 이 고백에 대중은 깊이 공감하고 감동했습니다. 더불어 이 말은 방시혁 대표의 '독설가'로서의 기존 이미지를 타파하는 데 크게 기여했습니다. 진솔했지만 핵심을 담은 첫마디였기에 더욱 강력한 효과를 발휘한 케이스입니다. 나이키는 이 3마디 카피를 통해 매출을 40퍼센트 올렸지요. 빌 클린턴은

1992년 42대 대통령 선거에서 이 3마디 구호로 압도적인 표 차이로 대통령에 당선되었습니다. 당시 불황에 허덕이던 미국인의 마음을 단 3마디로 뒤흔들어버렸기 때문입니다.

세상은 빠르게 돌아가고 있습니다. 더불어 말을 해야 할 수많은 기회가 당신 앞에 펼쳐집니다. 그 모든 상황에서 원하는 것을 얻으려면 어떻게 말해야 할까요? 최소한의 시간에 최대한 핵심을 전달하기 위해서는 3마디면 충분합니다. 3마디만으로 원하는 것을 얻어낼 수 있습니다.

수많은 말을 내뱉는 사람들 사이에서 당신은 3마디를 통해 눈에 띄는 사람으로 변하게 됩니다. 동시에 업무에서, 모든 관계에서 빈틈없이 일사천리로 원하는 것을 이룰 수 있습니다. 3마디로 말하는 순간, 모든 것이 달라집니다.

인생의 터닝 포인트가 될 시작점에서,
오수향

차례

1부

'3마디'를 의식하면 할 말이 순식간에 정리된다
애쓰지 않고 원하는 것을 얻는 대화의 원칙

2부

상대를 알아야 '핵심'이 나온다
낯선 사람도 두렵지 않은 심리 대화술

3부

덜어낼수록 완벽해진다
바로 써먹을 수 있는 '핵심'을 꿰는 기술

5부

어떤 상황에서도 통하는 초간단 말투의 법칙
백전백승을 이끌어내는 상황별 초강력 전략

6부

실패를 제로로 만드는 작은 습관
피하고 버려야 할 말버릇

'3마디'를 의식하면
할 말이 순식간에
정리된다

애쓰지 않고
원하는 것을 얻는 대화의 원칙

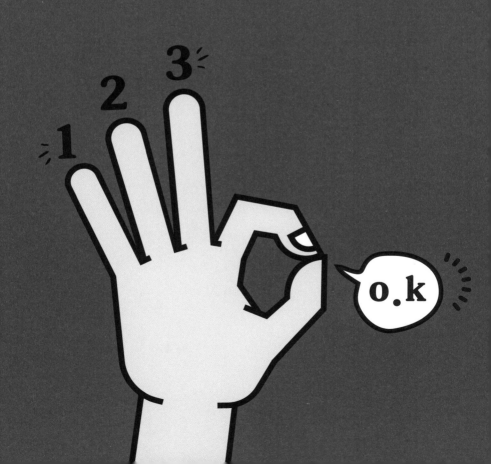

말솜씨보다
중요한 건
'요점'이다

"청산유수처럼 말하는 사람이 말 잘하는 사람 아닌가요?"

　대화법 때문에 고민인 분들과 상담할 때 자주 접하는 질
문이다. 이에 대해, 단호하게 '아니오'라고 말한다. 대부분은
대중 강연에서 강연자가 폭포수처럼 말을 쏟아내야, 카리스
마를 발휘함으로써 대중에게 호소력을 발휘할 수 있다고 본

다. 이는 오해다. 절대 그렇지 않다. 대중 강연을 포함한 대부분의 대화 상황에서는 청산유수로 말하는 대신 '짧게 핵심을 담아' 말하는 게 더 큰 힘을 발휘한다. 세계적으로 가장 많은 박수를 받은 연설은 단 두 줄이었다.

"모든 연설에는 연설문이 있든 없든 마침표가 있어야 합니다. 오늘 밤 저는 마침표 역할을 하겠습니다. 이상!"

미국 대통령을 지냈던 드와이트 아이젠하워가 은퇴 후 한 강연회에서 한 말이다. 사실 이렇게 짧은 연설을 하려면 더 많은 준비가 필요하다. 미국의 독립선언서를 기초한 정치가 토머스 제퍼슨은 3분 연설을 하려면 '3주'를 준비해야 하고, 10분 연설에는 '1주일'이 필요하며, 1시간 연설은 '당장'해도 된다고 했다. 그뿐인가. 토크쇼의 제왕 래리 킹은 명연설의 공통점을 이렇게 설명했다.

"위대한 연설가들이 공통적으로 지킨 원칙을 정리한 말이 있다. 그것은 'KISS'다. 이는 <u>**Keep It Simple, Stupid(단순하게 그리고 머리 나쁜 사람도 알아듣게 하라)**</u>'라는 말을 축약한 것이다."

누군가에게 말을 해야 하는 다양한 상황이 있다. 일상에서 원하는 것을 얻고 싶을 때, 직원이 상사에게 보고를 해야 할 때, 상사가 직원에게 지시를 할 때, 영업 사원이 고객 앞에 섰을 때, 프레젠터가 무대에 섰을 때, 쇼호스트가 방송을 해야 할 때, 정치인이 대중 앞에 섰을 때 등 말을 해야 하는 상황은 무수히 많다. 이때 중요한 것은 '핵심을 얼마나 잘 전달하느냐'다. 짧게 핵심을 콕 집어 말하지 않고 청산유수처럼 말을 쏟아내면, 결코 원하는 것을 얻을 수 없다. 어떤 상황에서든 말이다.

"(죄송하지만) 도태될 분들은 도태되어야 합니다."

백종원 대표가 2018년 국정감사에 출석하여 한 말이다. 그는 〈골목식당〉 등의 TV 프로그램에 출연하며 시청자들에게 자영업에 대한 과도한 환상을 주고 있는 것은 아니냐는 어느 국회의원의 질문에 이렇게 대답했다. '충분한 준비와 노력이 없으면 (장사를) 시작하지 말아야 한다'는 자신의 뜻을 단 한마디로 단호하면서도 분명하게 밝힌 사례라고 볼 수 있다.

반면에 말솜씨는 뛰어나지만 핵심을 전달하지 못해 소통에 문제를 겪는 경우도 있다. 얼마 전 내게 찾아와 상담을 청했던 모 마케팅 회사 대표가 그랬다. 그는 대학생 때 학생회장을 지냈고 남들 앞에서 말하는 상황을 스스로 즐길 만큼 언변이 매우 뛰어났다. 그런데 직원들과의 커뮤니케이션에 큰 어려움을 겪고 있었다. 그는 직원들과 대화가 잘 통하지 않고 또 자신의 지시가 제대로 먹히지 않는다고 고민을 털어놓았다. 그는 입을 떼자마자 막힘없이 말을 쏟아냈다. 한번 말을 시작하면 상대를 고려하지 않고 몇 분씩 시간을 끌었다. 말솜씨는 매우 뛰어났다. 하지만 문제점은 확연했다.

"대표님의 말솜씨는 매우 뛰어나요. 유창한 말솜씨는 어느 누구에게도 뒤지지 않을 거예요. 근데 그게 오히려 문제가 되기도 합니다. 회사 내에서 대화를 하거나 지시를 할 때는 지나치게 많은 말을 삼가야 합니다. 오히려 듣는 사람의 집중력을 떨어뜨릴 뿐이에요. 중요한 핵심만 말하는 게 더 낫습니다."

말하기에서 제일 중요한 건 '핵심 전달하기'다. 청산유수식의 말하기는 자칫 핵심을 흩트려버릴 위험이 있다. 따라서 자아도취에 빠져 청산유수식으로 길게 말하고 나서, 자신이 말을 잘한다고 착각해서는 곤란하다. 핵심을 짚어 짧게 전달하는 게 최고다.

당신 앞에 한 영업 사원이 있다고 생각해보자. 그가 당신의 반응에는 아랑곳하지 않은 채 일방적으로 몇 분씩 말을 쏟아낸다면 기분이 어떻겠는가? 그 영업 사원의 말이 귀에 제대로 들어올까? 쏟아지는 말들에 질려버려서 전혀 집중하지 못한 채 흘려듣게 될 것이 뻔하다.

그렇다면 세계 최고의 영업자는 어떻게 말했을까? 기네스 세계 기록을 보유한 최고의 자동차 판매왕 조 지라드에게는 사실 말을 더듬는 습관이 있었다. 그는 말을 유창하게 하기는커녕 한마디조차 제대로 말하기 어려워했다. 그런 그가 어떻게 세계적인 자동차 판매왕이 될 수 있었을까? 그는 말더듬 때문에 많은 말을 하는 것을 피했다. 오히려 짧게 말했다. 이렇게 말이다.

"고객의 말을 경청하라. 그리고 간결하게 설명하라."

원하는 것을
얻는 사람은
3마디로 말한다

"왔노라! 보았노라! 이겼노라!"

로마 시대의 유명한 정치가이자 장군인 율리우스 카이사르의 말이다. 그는 소아시아 일대를 장악한 후 원로원에 이 3마디 글을 적어 보냈다. 이 짧은 3마디의 메시지에는 하늘을 찌를 듯한 그의 기개와 자신감이 가득하다. 당시 원로원은 그를 달갑게 여기지 않는 상황이어서, 호시탐탐 그를 처리할 기회만 노리고 있던 터였다. 하지만 이 단 3마디의 승전보를 접한 원로원은 두 손을 들고 말았다.

카이사르의 3마디는 용맹한 군인 수천 명의 위력을 보여준 것과 같다. 실제로 간단하게 잘 압축된 말은 수천 명이 속한 군대 이상의 위력을 발휘한다. '촌철살인'이라는 사자성어가 이를 잘 입증한다. 촌철살인은 '한 치의 쇠로 사람을 죽인다'는 뜻으로 '간단한 말로 상대를 감동시키거나 약점을 찌르는 것'을 의미한다. 이 말은 중국 송나라 시대의 서적『학림옥로』에서 처음 등장했는데, 그 장면을 한번 살펴보자. 한 선사가 이렇게 말한다.

"비유컨대 어떤 사람이 무기를 한 수레 가득 싣고 있다고 해서 사람을 죽일 수 있는 것은 아닙니다. 나는 한 치도 안 되는 칼 하나만 있어도 문득 사람을 죽일 수 있지요."

여기서 선사가 말하는 살인은 '사람의 마음을 움직이는 것'을 의미한다. 한마디 정도의 짧은 말로 사람을 깨닫게 할 수 있다는 의미다. 깨달음에는 수천 권의 책 속에 들어 있는 막대한 단어가 다 부질없다. 짧은 말 하나면 족하다.

이는 비즈니스 현장에서도 마찬가지다. 많은 기업이 제품 홍보를 할 때 정말 많은 말을 동원한다. 그들은 제품 하나라도 더 팔기 위해, 경쟁사를 따돌리고 자기네 제품을 돋보이게 하기 위해 번지르르하게 많은 말을 늘어놓는다. 그런데 막상 고객의 마음을 꿰뚫기 위해 필요한 말은 많지 않다. 아래 세계적으로 대성공을 거둔 광고 카피를 보자. 단 3마디로 고객의 마음을 사로잡는 것을 알 수 있다.

- 일단 한번 해봐(Just do it).
- 챔피언의 아침(Breakfast of champions).
- 다이아몬드는 영원하다(Diamonds are forever).
- 우리는 열심히 노력합니다(We try harder).

나이키의 경우 첫 번째 카피를 쓴 뒤 매출액이 40퍼센트나 증가했다. 이외에도 세계적인 광고 카피는 2마디 혹은 4마디 사이로 매우 간단하다. 시리얼 브랜드 위티스와 다이아몬드 브랜드 드비어스, 렌터카 업체 에이비스 역시 이 짧은 문장만으로 고객으로 하여금 기꺼이 지갑을 열게 만드는 데 성공했고 세계적인 기업으로 성장했다.

'3마디'는 연설에서도 막강한 힘을 발휘한다. 1992년 미국의 42대 대통령 선거 때다. 당시 대통령 선거는 투표를 시작하기도 전에 끝난 것이나 다름없었다. 민주당 빌 클린턴 후보가 선거 구호로 내세운 이 3마디가 전 국민의 가슴 속을 파고들었기 때문이다.

"문제는 경제야, 바보야(It's economy, stupid)!"

불경기 속에서 허우적거리던 미국인들은 그 말을 듣는 순간 지금 필요한 대통령으로 빌 클린턴을 낙점했다. 이 3마디의 힘을 통해 빌 클린턴은 현직 대통령 부시를 누르고 46세의 젊은 나이로 대통령에 당선되었다.

1996년 세계적인 여성 CEO 칼리 피오리나가 투자자들 앞에서 설명회를 진행했을 때도 3마디의 힘이 작용했다. 당시 그녀의 연설에서 투자자들이 감명을 받은 것은 맨 마지막의 딱 3마디였다. 이 3마디에서 그녀에 대한 믿음을 얻은 투자자들은 막대한 투자금과 함께 기립박수를 보냈다. 그녀가 확신에 차서 던진 3마디는 바로 이것이었다.

"이제 우리를 주목하십시오(Watch us now)!"

알고 있는 단어도
'입말'로 풀어라

그렇다면 어떻게 짧게 말할 것인가? 다음의 예시를 보자.

A "다년간 국내 가전제품 분야에서 1등 기업을 진두지휘
해온 나는 누구보다 제품 개발에 대한 안목이 탁월하다고 판
단하기 때문에 금번 특별히 신사업 팀을 출범시키기로 한 것
입니다. 따라서 우리 회사는…"

B "작금에 벌어진 세계 경제의 불황이 전략 기획부의 책임자인 본인에게 막대한 부담으로 작용하였기에 본인은 각고의 노력을 경주하여 기획부의 대대적인 혁신을 도모하고자 이렇게…"

직장에서 자주 접하는 말투다. 대체로 윗자리에 있는 분들이 목에 힘을 주고 부하 직원들에게 훈시조로 말할 때 이런 말투가 나온다. 이런 말투를 문어체(글말)라고 하는데 이 말투의 공통점은 사무적이고 딱딱하다는 것이다. 도대체가 말하는 사람의 체온을 느낄 수 없다.

그럼에도 내가 만난 많은 기업의 임원들은 당연히 이런 식으로 말해야 한다고 생각하고 있었다.

"그런 말투가 유식하고 권위가 있어 보이잖습니까? 직원들이 쓰는 말과 같은 말을 써야 되겠습니까?"

이는 대단한 착각이다. 직원과 원활한 소통을 하고 싶지 않다면 이런 문어체를 사용해도 무방하다. 그의 말에 호감을 갖는 사람은 저절로 줄어들 게 뻔하니까 말이다. 하지만 단한 명과의 소통도 소홀히 하지 않겠다면 절대 문어체를 삼가야 한다. 이는 업무 관계뿐만 아니라 일상에서도 유념해야 할 문제이다.

흔히, 문어체 말투는 말할 내용을 제대로 소화하지 않은 채 줄줄 읽듯 말하기 때문에 생긴다. 그래서 마치 국어 교과서를 읽고 있는 것처럼 건조하고 지루하게 들린다. 3마디에 핵심을 담는 첫걸음은 불필요한 문어체를 덜어내는 것에서부터 시작된다.

소통을 지향한다면 일상에서 쓰는 말투, 곧 '구어체(입말)**'를 아낌없이 사용해야 한다.** 그래야 단 한 사람도 그 말을 소홀히 여기지 않고 경청한다. 위의 문어체 말투는 다음처럼 구어체 말투로 바꾸는 게 좋다.

A-1 "나는 여러 해 동안 국내 가전제품 분야에서 1등 기업을 진두지휘해왔습니다. 그래서 누구보다 제품 개발에 대한 안목이 탁월하다고 판단하기에 이번에 특별히 신사업 팀을 출범시키기로 했습니다. 따라서 우리 회사는… "

B-1 "요즘에 세계 경제가 불황인 상황에서 전략 기획부의 책임자인 저는 큰 부담을 갖게 되었습니다. 그래서 저는 기획부가 한마음으로 이 위기를 타개할 수 있게 하고자…"

앞 말의 경우, 한자 '다년간'을 '여러 해'로 바꾸고 '나'를 수식하는 긴 문장을 짧은 문장 두 개로 나누는 게 바람직하다. 이때 일상에서 주어를 맨 앞에 두고 말하는 것처럼 '나'를 맨 앞에 두어야 한다. 한자말 '금번'도 '이번에'로 고치고 글말체인 '것'은 빼는 게 낫다.

뒤의 말의 경우, 우선 한자말 '작금'을 '요즘'으로 바꾼다. 다음은 '… 불황이'라는 사물이 주어가 되는 문장구조인데 이는 번역 투여서 자연스런 일상 말투가 아니다. 이를 입말 투로 고쳐야 한다. '…불황인 상황에서'로 고치고 사람 '저'가 주어로 된 문장이 자연스럽다. 그다음에는 호흡이 긴 문장이기 때문에 짧은 두 문장으로 나눠주는 게 좋다. 마지막으로 일상에서 잘 안 쓰는 한자말 '경주', '도모'라는 말도 빼는 게 좋다.

많은 사람에게 호응을 얻는 말을 하고 싶은가? 면접에서 합격하고, 발표에서 인정받고, 프레젠테이션에서 거액의 수주 계약을 따내고 싶지 않은가? 원하는 것을 얻고 싶다면 문어체를 자신의 말에서 과감히 버려야 한다. 전폭적으로 '구어체'로 말해야 한다. 그러기 위해선 문어체를 구어체로 바꾸는 요령 세 가지를 꼭 기억해두자.

첫째, 번역 투 문장, 긴 문장은 사람을 주어로 하는 단문으로 바꿔야 한다.
• "대학 재학 동안 다양한 해외 연수 경험을 쌓아왔던

저는…"

→"저는 대학을 다니면서 다양한 해외 연수 경험을 쌓아 왔습니다."

둘째, 일상에서 잘 안 쓰는 한자말은 쉬운 입말로 바꿔라.
- 무남독녀 → 외동딸
- 불철주야 → 밤낮없이
- 고금 → 예전과 지금

셋째, 축약된 표현을 써라.
- 하였습니다 → 했습니다
- 되었습니다 → 됐습니다
- 보고서입니다 → 보고섭니다

이런 작은 변화만으로도 말은 짧고 명쾌하게 듣는 이의 마음에 꽂힌다.

무심코 문어체를 사용하는 사람이 적지 않다. 이로 인해 일상에서 상대와의 소통에 얼마나 큰 지장이 초래되는지 의식하지 않으면 모르고 지나칠 수밖에 없다. 더욱 큰 문제는 면접 때나 직장 내에서 문어체를 남발하여 자신의 경쟁력을 떨어뜨리는 경우가 많다는 점이다. 아무리 실력이 출중하더라도 고리타분하고 딱딱한 말투라면 능력을 인정받을 수 없다. 일상에서 자연스럽게 쓰는 말투, '입말'이 전달력을 높여준다. 사소한 단어 하나부터 입말로 바꿔 말해보자.

주어와 서술어는
불을수록
'임팩트' 있다

A "저는 낮은 학점과 어학연수 경험이 부족함에도 불구하고 청춘의 도전 정신 하나로 지원했습니다."

B "회사는 우리 부서의 실적이 저조하게 나왔다고 해서 낙담하지 않고 우리 부서가 향후 새로운 환경에 잘 적응할 수 있도록 지원해야 합니다."

면접 때나 직장 내에서 자주 접하는 말이다. 문법적으로는 완벽한 말이지만, 어딘가 잘 이해되지 않는다. 곰곰이 뜯어서 주어와 서술어를 찾아보자. A의 경우 주어는 '저는'이고 서술어는 '지원하였습니다'이다. B의 경우 주어는 '회사는'이고 서술어는 '지원해야 합니다'이다. 이 둘의 공통점은 뭘까? 그렇다. 주어와 서술어의 간격이 길다는 점이다.

'저는', '회사는'으로 시작된 말은 중간에 다른 말이 끼어들고 나서 맨 마지막에 서술어 '지원하였습니다', '지원해야 합니다'로 마무리되었다. **이렇게 주어와 서술어의 간격이 길었을 때 문제가 되는 건 그 의미가 단박에 와닿지 않는다는 점이다.**

A의 경우 핵심은 주어와 호응하는 '서술어'에 있다. 그런데 중간에 다른 말이 끼어듦으로써 핵심을 뭉개고 임팩트를 떨어뜨리고 만다. A의 핵심은 이것이다.

"저는 지원했습니다."

그 외의 말 곧 '낮은 학점과 어학연수 경험이 부족함에도 불구하고'는 부차적인 말이다. 따라서 핵심을 잘 전달하기 위해서는 주어와 서술어의 간격을 최대한 줄여야 한다. 다음처럼 고쳐야 한다.

"낮은 학점과 부족한 어학연수 경험에도 불구하고 청춘의 도전 정신 하나로 저는 지원했습니다."

B의 경우도 마찬가지다. '회사는'으로 말이 시작되었는데 핵심은 주어와 호응하는 '서술어'에 있다. 이 또한 주어와 서술어 사이에 다른 말들이 들어갔다. 그래서 핵심을 단박에 전달하지 않고 뜸을 들여 전달하는 사례가 되고 말았다. B의 핵심은 이것이다.

"회사는 지원해야 합니다."

이 역시 부차적인 말 '우리 부서의 실적이 저조하게 나왔다고 해서 낙담하지 않고' 때문에 핵심 의미가 잘 전달되지 않았다. 따라서 다음처럼 고치는 게 좋다.

"우리 부서의 현재 실적에 낙담하기보다는, 우리 부서가 향후 새로운 환경에 잘 적응할 수 있도록 회사는 지원해야 합니다."

상대에게 단박에 핵심을 전달하는 말은 주어와 서술어의 간격이 짧다. 말의 핵심은 주어와 호응하는 서술어에서 찾을 수 있기 때문이다. 주어가 '어찌어찌하다' 하고 설명하는 '서술어'가 말의 알짜배기다. 그런데 주어와 그를 호응하는 서술어의 간격이 벌어지면 질수록 두 가지 문제가 생긴다.

첫째, 주어를 잘 포착할 수 없다. 둘째, 주어의 핵심인 서술어 '어찌어찌하다'가 무엇을 의미하는지를 알 수 없게 된다.

따라서 평소에 주술 간격이 짧은 말을 반복해서 연습해야 한다. 익숙하게 주어와 서술어를 붙여서 말할 수 있을 정도로 훈련해야 한다. 그러면 말의 핵심이 입에서 떨어지자마자 0.1초도 지체되지 않고 곧장 상대에게 꽂히게 된다. 그러기 위해서는 자신의 말을 글로 써본 후, 고치는 것도 하나의 좋은 연습 방법이다.

다음의 예시를 잘 참고해 핵심이 제대로 전달되는 말로 바꿔보자. 주어와 그에 호응하는 서술어가 무엇인지를 찾아보고 그 간격을 줄이면 된다.

- "야당은 여당이 이번 정부 조치가 불합리하다고 판단함에도 불구하고 정부의 비위를 맞추기 위해 이를 적극 지지한 것으로 판단하고 있습니다."
→ "여당이 이번 정부 조치가 불합리하다고 판단함에도 불구하고 정부의 비위를 맞추기 위해 이를 적극 지지

한 것으로 야당은 판단하고 있습니다."

- "취업 준비생들이 국내외 경기 침체 속에 갈수록 취직
  에 필요한 다양한 정보를 얻을 수 없기에 큰 어려움을
  겪고 있습니다."
→ "국내외 경기 침체 속에 갈수록 취직에 필요한 다양한
  정보를 얻을 수 없기에 취업 준비생들이 큰 어려움을
  겪고 있습니다."

부사와 형용사의 거품을 싹 걷어내라

"지옥에 이르는 길은 부사로 포장되어 있다."

세계적인 작가 스티브 킹의 말이다. 그는 『리타 헤이워드와 쇼생크 탈출』, 『미저리』 등 전 세계적으로 3억 부를 돌파한 베스트셀러를 낸 현존 최고의 대중 소설가이다. 이렇듯 전 세계인에게 널리 읽힌 소설의 작가는 '부사'를 삼가라고 말한다. 그래야 글의 의미가 명확해져서 대중과의 폭넓은 소통이 가능하다는 말이다. 그는 거듭해서 부사는 여러분의 친구가 아니라고 강조했다.

부사는 형용사, 동사, 부사를 꾸며주는 말이다. 영어로 말하면 '…하게(ly)'로 끝나는 말과 같은데 평소 대부분의 사람들이 부사를 의식하지 않고 무분별하게 사용하고 있다. 상황을 설명할 때는 '단정하게, 빠르게, 타이트하게, 냉정하게' 등이 대표적으로 사용된다. 말의 내용을 강조하거나 부연할 때 쓰는 '매우, 가장, 과연, 그리고' 등도 많이 쓰이는 부사이다.

이런 부사는 일상생활이나 직장 내의 대화에서 마치 조미료처럼 듬뿍 들어가 있다. 하지만 세계적인 작가 스티브 킹은 부사를 삼가라고 한다. 왜일까? 부사는 말을 할 때 꼭 필요한 핵심 단어가 아니기 때문이다. 핵심에 추가로 덧붙여진 단어이기 때문에 빼버려도 무방하다.

- "그 직원은 정장을 단정하게 입고 영업 미팅에 참가했습니다."
→ "그 직원은 정장을 입고 영업 미팅에 참가했습니다."

- "이번 일은 회사에 매우 심각한 타격을 줄 것으로 예상

이 됩니다."

→ "이번 일은 회사에 심각한 타격을 줄 것으로 예상이 됩니다."

전자의 경우, 정장은 그 자체로 말에 단정함을 내포하고 있기 때문에 '단정하게'를 빼도 된다. 후자의 경우, '매우'를 빼도 '심각한'이라는 말이 있기에 의미 전달에 아무런 문제가 없다. 이렇듯 없어도 될 부사를 굳이 사용할 이유가 없다.

부사와 함께 군더더기로 작용하는 것이 '형용사'다. 형용사는 사람과 사물의 성질이나 형태를 나타낸다. '파란(파랗다), 화려한(화려하다), 정직한(정직하다), 바람직한(바람직하다), 신속한(신속하다), 심각한(심각하다)' 등이다. 이 역시 꼭 필요한 경우에 한해 사용하는 게 좋지만 필요 이상으로 쓰면 곤란하다. 꼭 필요한 형용사를 쓰는 건 최소한의 화장을 하는 것과 같다. 하지만 불필요하게 형용사를 사용하는 것은 과하게 화장을 한 것과 같아서 오히려 역효과가 난다.

불필요한 형용사를 쓰는 대신, 핵심을 분명히 드러낼 수 있는 방법은 두 가지가 있다.

첫째, 구체적인 표현으로 바꿔야 한다.

둘째, 숫자로 교체하는 것이 좋다.

- "저는 성실한 학생으로서 학교생활을 했으며…"
→ "저는 학생 시절 한 번도 개근상을 놓친 적이 없었으며…"

- "올해, 마케팅 1팀에서는 많은 성과를 냈습니다."
→ "올해, 마케팅 1팀에서는 30억 매출을 올리는 성과를 냈습니다.

전자의 경우, '성실한'이라는 형용사가 너무나 상투적이다. 써서 이득 될 게 하나도 없기에 이를 자신의 구체적인 경험으로 대체하는 게 좋다. 후자의 경우, '많은'이라는 말이 선뜻 와닿지 않는다. 직장과 같은 공식적인 자리에서는 엄밀함이 요구된다. 따라서 숫자로 정확하게 표현해주는 편이 좋다.

작가, 카피라이터, 연설문 비서관 등 글을 잘 쓴다는 사람들은 공통적으로 '부사와 형용사를 삼가라'고 말한다. 주어, 목적어, 동사 세 개만으로 간결하면서 명확하게 의미를 전달할 수 있기 때문이다.

일상에서 무심코 남발해온 부사와 형용사. 어떻게 하면 자제할 수 있을까? 이제는 할 말을 글로 먼저 적어보자. 그런 후 슬쩍 부사와 형용사를 빼보거나 구체적인 표현과 숫자로 교체해보자. 부사와 형용사를 뺄수록 핵심이 날카로워진다.

TMI를
한 방에 정리하는
비유의 힘

- 아, 모든 것이 '물거품'으로 돌아갔습니다(웃음). 영원한 대상 후보로서 후배들의 영원한 '병풍'이 되도록 하겠습니다.
  - 이경규의 〈2013 sbs 연예대상〉 최우수상 수상 소감 중에서

- 나무는 탄소 통조림이에요.
  – 유한킴벌리 기업 광고 중에서

유명한 수상 소감과 광고 카피인데, 공통점이 뭘까? 그렇다, 비유다. 우리가 접하는 말과 광고 카피 중에는 직유, 은유의 비유가 쓰인 것이 꽤 많다. 그만큼 비유의 전달 효과가 높기 때문이다.

가장 처음에 언급한 말은 〈2013 sbs 연예대상〉 시상식에서 나온 개그맨 이경규의 수상 소감이다. 시상식 내내 대상에 대한 마음을 누누이 내비쳤던 그는, 최우수상을 수상하자마자 비유를 활용한 소감으로 웃음과 함께 진한 인간미를 남겼다. 자신의 섭섭한 마음은 유머로 승화하고, 대상을 받을 후배에게는 상을 부담 없이 받을 수 있도록 하는 배려가 돋보인 소감이었다. '물거품'과 '병풍' 비유를 활용한 그의 센스 있는 소감은 아직까지도 연말이 되면 종종 언급될 정도로 진한 인상을 남겼다. 비유의 힘은 이토록 강력하다.

유한킴벌리의 광고는 탄소를 흡수하는 나무와 음식을 밀봉하는 통조림의 유사성에서 아이디어를 얻었다. 나무는 대기 중의 이산화탄소를 빨아들이고 나서 단 몇 퍼센트도 다시 유출하지 않는다. 이는 마치 쇠로 된 통조림이 완벽하게 음식물을 밀봉하는 것과 같다. 그래서 환경을 생각하는 많은 사람들은 나무의 공기 정화 기능에 감탄해마지 않는다. 이 광고는 해당 기업체가 숲을 가꾸는 데 앞장선다는 것을 강조함으로써 기업체의 이미지를 크게 개선하고 있다. '통조림'이라는 은유 한 방이 엄청난 위력을 발휘했다.

일상생활에서도 비유의 힘은 매우 크게, 자주 작용한다. 강연 현장에서 나 자신을 소개할 때면 비유의 힘을 절감한다. 초보 강연자 시절에는 아래처럼 실제 이야기를 밋밋하게 늘어놓았다. 그러자 아무도 관심을 갖고 듣지 않았다.

"어린 시절 형편이 넉넉하지 않아 기찻길 옆 허름한 다세대 주택에서 살아와서… 여러 가구가 함께 쓰는 공동 화장실을 사용하였고, 아침저녁으로 열차 지나가는 소리가 고막을 울렸으며… 소리만 들어도 무궁화호와 새마을호를 구분할 정도가 되어서…"

그래서 이야기의 도입부에 비유 하나를 넣었다.

"저는 기찻길 옆 오막살이 소녀였습니다."
동요 〈기찻길 옆 오막살이〉를 차용한 은유법이다. 동요에는 '기찻길 옆 오막살이 아기'가 나오는데 '아기'를 '소녀'로 바꿨다. 친숙한 동요의 한 구절을 접한 청중들은 눈을 반짝이면서 내 말에 집중하기 시작했다. 그 뒤로는 이야기를 보충해 더욱 풍성하게 자기소개를 할 수 있었다.

많은 강사가 스스로 자신의 삶이 특별하다고 생각해서 구구절절 이야기한다. 하지만 대중은 집중하지 못한다. 어려웠던 가정사를 말하는 강사들이 부지기수이기 때문이다. 그런데 도입부에 딱 한 줄의 비유로 '기찻길 옆 오막살이 소녀'로 나를 소개하면 다들 관심을 갖고 귀를 기울이기 시작한다. 그리고 강연이 끝나고 나서도 다들 나를 기억해준다. 이게 비유의 힘이다.

세계적으로 유명한 연설 속에는 비유가 매우 적절히 잘 살아 있다. **날카롭고도, 생생한 비유 하나가 대중의 마음을 확 휘어잡는다.** 특유의 비유력으로 노벨문학상을 수상한 영국의 정치가 처칠은 1946년 웨스트민스터 대학에서 한 연설에서 또 한 번 매우 인상적인 비유를 사용했다. 여기에서 그 유명한 '철의 장막'이라는 용어가 나온다. 동구권 공산주의 국가들이 서방권에 대립하여 벽을 치듯 똘똘 뭉친 것을 '철의 장막'이라고 생생하게 비유한 것이다.

"(지금 유럽에는) 발트해 슈테틴(Stettin)에서부터 아드리아해의 트리에스테(Trieste)까지, 대륙을 질러 철의 장막이 드리워져 있습니다. 우리는 장막 뒤에서 무슨 일이 벌어지고 있는지 알지 못합니다."

영국의 마거릿 대처 수상도 은유를 통해 인플레이션에 대한 공포를 생생하게 전달했다. 다소 추상적인 용어인 인플레이션을 '실업의 부모', '도둑'이라는 실감나는 대상으로 비유했다. 이 비유를 접한 국민은 인플레이션에 대한 공포를 피부로 느낄 수밖에 없지 않을까?

"인플레이션은 실업의 부모이며, 그것은 저축을 해온 사람들의 눈에는 보이지 않는 도둑입니다."

비유 하나면 충분하다. 여러 말을 할 필요 없다. 비유는 모든 말의 화룡점정 역할을 하기 때문이다. 사람들은 시간이 지나 다른 말을 잊어버려도 비유 하나는 기억한다. 비유는 상대의 가슴을 찌르는 단도다.

똑똑한
대화
꿀팁

1

1분이면 원숭이도 설득할 수 있다

"겨우 1분 안에 말하라고요? 너무 짧은 게 아닌가요?"

직장인들과 말하기 트레이닝을 시작하면 이런 볼멘소리
가 나온다. 회의, 보고, 발표 등에서 제대로 실력을 발휘하지
못해서 고민이라 나를 찾아온 분들이다. 이런 분들에게는 제
일 먼저 딱 1분 안에 하고 싶은 말을 해보라고 주문한다. 그

러면 시간이 너무 짧아서 할 말은 다 못 하겠다고도 한다.

　이들은 '1분 스피치'의 위력을 간과하고 있다. 1분이면 통상적으로 최소 300단어에서 최대 400단어를 말할 수 있다. 직장 면접에서도 딱 1분 자기소개를 시키는 곳이 많다. **더도 덜도 말고 딱 1분이면 상대가 전달하고자 하는 핵심을 전달하기에 충분하다**고 보기 때문이다. 1분을 넘어서도, 또한 1분을 다 채우지 못해도 안 된다. 1분이라는 시간에 맞춰서 하고자 하는 말을 잘 전달할 수 있어야 한다. 다음 자기소개 예시를 살펴보자.

　"저는 스티브 잡스처럼 창의적인 인재입니다. 세 가지 근거를 소개하겠습니다. 첫째, 발명에 관심이 많아… 공모전 수상을 했습니다. 둘째, 컴퓨터 프로그래머 자격증을 취득하여 새로운 … 했습니다. 셋째, 전공 공부 외에 독서 모임 활동을 하면서 … 했습니다. 이러한 저의 재능을 귀사의 IT 개발 직무에서 마음껏 발휘하여 회사 발전에 도움이 되고자 합니다."

　흔히 쓰이는 장점을 열거하는 자기소개이다. 이렇게 요령 있게 자기를 소개한다면 쓸데없이 시간이 더 필요하지 않다. 면접관 역시 지루하게 많은 시간을 허비하지 않고도, 즉각 면접자가 어떤 사람인지, 회사에 필요한지를 파악할 수 있다.

이는 비즈니스 현장에서의 회의, 보고, 발표 상황에도 그대로 적용된다. 회사는 수많은 직원들이 시간을 다투며 바쁘게 일을 처리하는 곳이다. 특히, 상사의 경우 머릿속은 항상 여러 가지 안건으로 혼란스럽고, 또 급하게 처리해야 할 업무가 산적해 있다. 따라서 직원은 특별히 상사의 입장을 배려해 신속하게 핵심을 전달하는 게 중요하다.

상사가 직원에게 현재 업무가 잘 진행되고 있는지 물었다고 하자. 이때, 직원은 1분 안에 상사가 알고 싶어 하는 핵심을 전달해야 한다. 그러기 위해선 머릿속에서 핵심을 추려내서, 간결하게 말해야 한다. 딱 1분이면 족하다. 만약 직원이 그러지 못한 채 1분을 넘겨버린다면, 핵심이 흐려질 가능성이 높다. 그 결과 상사는 딴생각에 빠지고 만다.

상사가 직원에게 의견을 물을 때도 마찬가지다. 상사가 직원에게 이렇게 물었다.

"이번 정부의 부동산 정책이 우리 회사에 어떤 영향을 미칠 거라고 생각하나?"

그러면 직원은 순발력 있게 1분 안에 자신의 의견을 전달해야 한다. 서두에 정부의 부동산 정책이 왜 회사에 긍정적인

지 혹은 부정적인지를 먼저 밝히고 나서, 그 근거를 두 개, 세 개로 정리해 짧게 들어주는 게 좋다. 그러고 나서 마지막에 결론으로 마무리를 해야 한다. 예를 들면 이렇다.

"저는 이번 정부의 부동산 정책이 우리 회사에 긍정적이라고 봅니다. 세 가지 이유에서 그렇습니다. 첫째… 둘째… 셋째… 따라서 우리 회사의 수익 구조가 더욱 좋아지리라 봅니다."

이런 식으로 군더더기 없이 직원이 견해를 밝히면 상사는 핵심을 놓치지 않고 들을 수 있다. 설령, 그 자리가 술자리라고 해도 상사는 분명하게 직원의 말을 귀담아들을 수 있다.

이렇게 1분 스피치는 말하기 훈련의 기본 단위다. 1분 안에 할 말을 요령껏 정리하고 시간을 지키는 훈련을 반복해야 한다. 그러면 눈앞의 상대가 누구라도 설득력 있게 말하고, 결국 원하는 것을 얻을 수 있을 것이다.

그렇다면 일상에서 어떻게 1분 스피치를 연습할 수 있을까? 가장 좋은 도구는 가까이에 있다. 스마트폰을 활용해보자. 소리 내어 말을 하고 그것을 스마트폰으로 녹음하고 또 1분 시간을 지키는 연습을 꾸준히 해야 한다. 할 말이 많다 해

도 결코 핵심을 말하는 데 많은 시간이 필요하지 않다. 원하
는 것을 얻기 위한 말은 1분이면 족하다.

2부

상대를 알아야
'핵심'이 나온다

낯선 사람도
두렵지 않은 심리 대화술

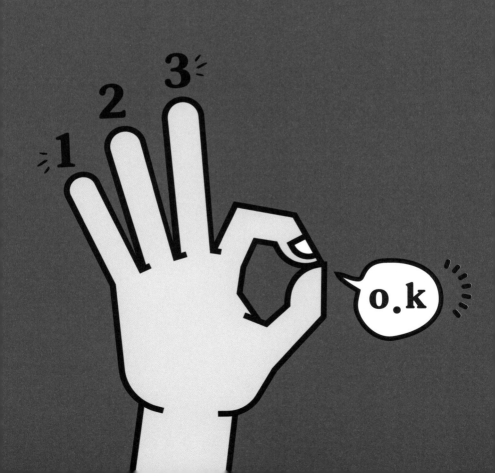

상대는
15초만
집중한다

사람을 만날 때 가장 중요한 것은 첫인상이다. 첫인상이 좋아야 그 사람과 대화를 하고 싶으며 계속 관계를 이어가고 싶어진다. 첫인상이 좋지 않으면 그 사람과 더 이상 얼굴을 맞대고 대화하고 싶지 않아진다. 이는 가장 처음 전해진 정보가 나중의 정보보다 더 강력한 영향을 미친다는 초두효과(Primacy effect) 때문이다.

누군가와 만났을 때 첫인상은 좋게 받아들여졌다고 하자. 상대방이 미소를 지으며 호의적인 반응을 보이고 있다. 이제부터는 어떻게, 어떤 말을 하느냐가 중요하다. 말을 잘하면 상대방으로부터 호감 지수를 계속 높여갈 수 있지만, 그렇지 않고 대화에서 좋은 인상을 주지 못한다면 호감도가 급격히 떨어지게 된다.

그렇다면 어떻게 말을 하는 게 좋을까? 여기에도 초두효과가 통한다. 먼저 명심해야 할 것이 있다. 그 어느 누구도 당신이 하는 대화 전체를 인내심 있게 들어주지 않는다. 사람들은 누군가의 말을 들을 때 15초 정도 집중을 하는데, 이때 관심이 있으면 계속 그 말에 귀를 기울인다. 그렇지 않고 15초 내에 별 흥미를 느끼지 못하면 딴 데 정신이 팔려버린다. 사람에게는 공통적으로 '인지적인 구두쇠(Cognitive miser)' 성향이 있기 때문이다. 이는 심리학자 수전 피스크와 셸리 테일러 교수가 만든 용어로, 복잡한 과정을 거치지 않고 신속하게 상대 메시지를 이해하고 싶어 하는 사람의 성향을 말한다.

따라서 대화를 할 때, 특히 여러 사람들 앞에서 말을 할 때 첫 15초가 중요하다. **첫 15초 안에 상대방으로부터 내가 하는 이야기에 대한 긍정적 반응을 이끌어내야 한다.** 아쉽게도 이를 인지하지 못한 채 상대방으로부터 자신의 말을 외면당하는 경우가 허다하다.

대기업 출신의 모 강사가 그랬다. 그는 이십여 년의 마케팅 경력을 바탕으로 영업 강의에 나섰다. 처음엔 의욕적으로 관공서, 중소기업체, 중소상공인협회 등에서 강의를 해내갔다. 그런데 한 달이 가지 않아 불러주는 곳이 뚝 끊겼다. 자신의 강의 피드백이 좋지 않다는 걸 알고 있었던 그는 수강생 평가 만점을 자랑하는 내 강의를 소문으로 듣고 직접 청강을 했다. 그러고 나서 내게 도움을 요청했다. 그의 강의를 한번 들어보고 나서 조언을 해주었다.

"선생님은 영업에 대한 실전 노하우가 많으시네요. 현장 영업자들, 자영업자들에게 큰 도움이 될 거라 봅니다. 저 개인적으로도 처음 듣는 얘기가 많아서 알찬 강의라고 생각됩니다. 그런데 앞부분이 무척 지루한 게 흠입니다. 이 부분만 지나면 귀담아들을 게 많거든요.

강의의 도입부에서 주의를 확 끌어당겨야 합니다. 강의를 듣는 분들은 생활 전선에서 시간에 쫓기고 있는 분들입니다. 이분들은 마음의 여유가 없어요. 따라서 첫 15초 내에 흥미를 주는 메시지를 던져줘야 합니다."

이후로 그분의 강의가 몰라보게 좋아졌다. 워낙 강의 콘텐츠가 좋은 점도 있었지만, 강의 도입부의 15초 사이에 청중을 사로잡았기 때문이다. 첫 15초는 이토록 중요하다. 그런데 이를 간과하는 사람이 너무나 많다.

왜 이런 일이 벌어질까? 이는 말하는 사람이 자신의 입장에 갇혀 있어서 생긴다. 대화든, 강의든 화자의 입에서 나온 메시지의 주인은 바로 '청자'이다. 청자가 관심 있게 들어야 화자의 메시지도 생명력이 유지된다. 청자가 딴생각을 하고, 스마트폰을 만지작거린다면 이는 말하는 사람의 책임이다. 말하는 사람이 청자를 껴안아주지 못했기 때문이다. 듣는 사람은 상대방의 말 전체를 듣고 판단할 정도로 인심이 좋지 않다. 청자는 지독한 깍쟁이다. 단 15초만 듣고 모든 걸 판단해 버린다.

유명한 TV 광고를 생각해보라. 결코 메시지를 전달하는 데 많은 시간을 들이지 않는다. 많은 시간은 오히려 거치적거릴 뿐이다. 15초면 핵심을 전달해 상대를 사로잡을 수 있다.

'○○하고 싶다고⋯'
그의 욕망에
답이 있다

"뒷모습이 멋진 남성은 누구입니까?"

"능력 있는 직장 상사의 모습과 전혀 어울리지 않는 것은
무엇입니까?"

한국 얀센에서 비듬약 니조랄을 출시할 때 실시한 설문
조사의 질문이다. 본래, 비듬 증세를 보이는 환자의 대다수는

중장년층 남성이었다. 그런데 놀라지 마시길. 이 설문 조사는 엉뚱하게도 젊은 여성을 대상으로 진행되었다.

왜 이런 일이 생겼을까? 한국 얀센에 따르면, 중장년층 남성은 젊은 여성의 시선을 크게 의식한다고 했다. 그래서 이 회사에서는 이러한 중장년층의 욕망을 반영하여 여성을 대상으로 설문 조사를 했고, 이를 반영해 광고의 핵심 메시지를 완성했다. 바로 이것이다.

젊은 여성은 비듬이 있는 남성을 싫어한다.

이 간결한 핵심 메시지 한 개를 통해 니조랄은 큰 성공을 거두었다. 이 회사는 타깃 고객의 절실한 부분을 파악하고 그것을 메시지에 응축했다. 만약, 이 회사가 타깃 중장년층의 절실한 부분을 알려고 하지 않고, 오로지 제품에 대한 자화자찬식 홍보를 했다면 어떻게 되었을까? 결코 성공하지 못했을 것이다.

군더더기 없이 핵심 메시지를 전달하기 위해서는 상대를 잘 파악해야 한다. 핵심 메시지인지, 그렇지 않은지는 오로지 상대에 의해 결정되기 때문이다. 따라서 **핵심은 상대의 입장에 서서 헤아려볼 때, 곧 역지사지를 할 때 도출된다.**

사실, 역지사지라는 말은 자주 하지만 구체적인 방법에 대해서는 잘 모르는 사람이 많다. 이를 위해 우선 타인의 마음을 알아야 한다. 심리학자 조셉 루프트와 해리 잉햄은 '조해리의 창(Johari's window)'을 주창하면서 사람의 마음을 네 가지로 나누었다. 이는 자기 공개와 피드백을 수용하는 정도에 따라 소통이 얼마나 확대되는지를 보여준다.

| 조해리의 창 |

	내가 알고 있는 정보	내가 모르는 정보
상대방이 알고 있는 정보	공개적 영역	맹목적 영역
상대방이 모르는 정보	숨겨진 영역	미지의 영역

공개적 영역

나에 대한 정보를 자신도 알고 상대방도 알고 있는 영역을 말한다. 주소, 이름, 직업 등의 공개적인 정보가 해당한다. 이렇게 정보의 공유가 충분히 이뤄졌을 때 상호 공감이 되는 소통이 가능하다.

숨겨진 영역

나는 알지만 상대방은 모르는 정보의 영역이다. 비밀, 욕망, 희망, 취향, 콤플렉스, 실수 등이 해당한다. 솔직하게 자기 공개를 해야 공감이 되는 소통이 가능하다.

맹목적 영역

자신이 의식하지 못하지만 상대방이 인지하는 정보의 영역이다. 혼잣말, 특이한 행동, 성격 등이다. 이 경우 상대방의 피드백을 수용함으로서 공감 소통이 이루어진다.

미지의 영역

나도 모르고 상대방도 모르는 정보의 영역이다. 이 경우 원천적으로 소통이 불가능하다.

이를 참고할 때, 진정한 역지사지는 이렇게 해야 한다. 상대방의 숨겨진 영역의 정보 곧 감추어진 욕망, 비밀, 실수, 희망 등을 잘 알고 있어야 상대와의 효과적인 소통이 가능하다. 상대의 숨겨진 영역을 모르고 또 알려고도 하지 않으면 불통으로 직결된다. 하지만 상대의 감추어진 욕망을 읽어낸다면 진정한 공감어린 소통이 가능하며 상대에게 어필하는 핵심 메시지가 도출된다.

앞의 한국 얀센의 예로 돌아가보자. 중장년층을 타깃으로 한 니조랄이 성공을 거둔 이유는 역지사지를 해서 핵심 메시지를 뽑아냈기 때문이다. 이를 조해리의 창으로 설명하면 이렇게 된다. 이 회사는 타깃의 숨겨진 영역의 정보 곧 중년 남성의 이성에게 매력적으로 보이고 싶은 욕망을 잘 파악하여 그것을 핵심 메시지에 담아냈다.

열쇠는 '욕망'에 있다. 상대에게 단번에 꽂히는 말의 핵심은 그의 숨겨진 욕망 속에 숨어 있는 것이다. 자, 이제 고개를 들어 살펴보자. 눈앞에 있는 상대의 욕망은 무엇인가?

'모모'와 '래리 킹'이
가르쳐준 것

영업 사원 "요즘 날씨가 무척 더운데 어떻게 지내세요?"

고객 "저는 더위를 잘 견디는 체질이에요. 오히려 추위에 약한 편이죠. 근데 조그만 가게를 하던 남편이 장사가 안돼서 혼자 알래스카에 가서 사업을 하겠다고 해서 걱정이 이만저만이 아니에요."

영업 사원 "무더위가 괜찮으신가보네요. 남편분과 헤어지

66

지 않으려면 함께 외국으로 가셔야겠군요."

어느 영업 사원과 고객의 대화이다. 얼핏 보면 이 영업 사원은 경청의 중요성을 잘 알고 있는 듯하다. 그래서 이 영업 사원은 고객에게 날씨 안부를 묻고 나서 그에 대한 고객의 답변을 듣고 자신의 생각을 말했다. 외형적으로는 경청임에 틀림이 없다.

그런데 뭔가 아쉬움을 떨쳐내기 어렵다. 이는 다른 누구도 아닌 바로 '고객'의 입장이 되어보면 금방 알 수 있다. 고객의 입장이 되어, 이런 영업 사원의 피드백을 들었을 때 기분이 어떨까? 고객은 지금 남편이 장사가 안되어 추운 곳인 알래스카로 떠나는 문제로 고민에 빠져 있다. 그런데 이를 들은 영업 사원의 입에서 나오는 말이 남편과 헤어지지 않기 위해선 함께 알래스카로 가야겠다는 것이다. 고객은 이 말에서 '배려받지 못한다'는 인상을 받지 않을까? 그녀는 알래스카의 추위를 잘 견디지 못하기 때문이다.

따라서 위의 대화는 고객의 마음을 제대로 헤아리지 못한 잘못된 경청 사례다. 이런 듣기는 소극적으로 경청하는 수준에 머물렀기에 일명 '앵무새 경청'이라고 한다. 영업자가 이런 경청을 한다면, 고객이 떨어져 나갈 게 분명하다.

고객의 마음을 얻기 위해선 '적극적 경청(Active Listening)**'을 해야 한다.** 이는 상대의 심정과 마음을 헤아리면서 상대 입장이 되어 적극적으로 경청하는 것을 말한다. 따라서 적극적 경청자는 상대가 하는 말의 표면적인 의미뿐 아니라 그 배경과 행간의 숨은 뜻까지 읽어낸다.

앞서 들었던 영업 사원의 경청을 적극적 경청으로 바꾸면 다음과 같다. 고객의 말에 이렇게 피드백을 내놓아야 한다.

"남편분과 헤어지지 않으시려면 함께 알래스카에 가셔야 하는데, 고객님이 추위에 약하셔서 참 고민이 되시겠어요."

이 말에는 고객의 고민을 걱정하는 진심이 들어 있다. 고객의 말을 피상적으로 듣고 형식적이고 사무적인 피드백을 한 게 아니라 상대방의 고민을 껴안고 있다. 이러한 경청은 고객으로 하여금 마음의 문을 열게 만든다.

경청(傾聽)의 진정한 의미는 청(聽)을 파자해 그 의미를 더듬어보면 잘 알 수 있다. 그 의미는 '왕의 귀(耳+王)로 듣고 열 개의 눈(十+目)으로 보고 하나의 마음(心)으로 대하라'이다. 왕의 귀 곧 커다란 귀로 잘 듣고, 열 개의 눈으로 잘 살피며, 상대와 하나의 마음이 되라는 뜻이다. 따라서 그냥 건성으로 듣는 것은 절대 경청이 아니다.

적극적 경청을 잘하는 사람은 미하일 엔데의 『모모』의 주인공 모모다. 모모는 시간도둑과의 긴박한 대결을 펼치는 와중에 사람들을 변화시키는 놀라운 재능을 선보인다. 그 재능은 다름 아닌 '경청'이다. 『모모』의 한 구절을 보자.

"그녀가 귀를 기울여주면 안절부절 어쩔 줄 모르거나 우유부단하던 사람들이 갑자기 자기가 뭘 원하는지를 분명히 알게 되었다. 또 소심한 사람들은 갑자기 자기가 자유롭고 용감해지는 걸 느꼈다. 또 평소 불행하다고 느끼고 감정을 억누르던 사람들도 긍정적으로 사고하게 되었다."

경청의 마법을 잘 보여주고 있다. 모모는 단지 적극적으로 경청하는 것만으로 사람들을 180도 변화시켰다. 이런 변화가 결코 불가능한 것은 아니다. 사람의 뇌에는 생존의 관점에서 즉각적으로 유쾌, 불쾌의 감정을 결정하는 아미그달라(amygdala)란 편도체가 있다. 생존에 우호적이라고 생각되면 유쾌한 감정을, 생존에 위협적이라고 생각되면 불쾌한 감정을 만들어낸다. 심리학자에 따르면 누군가의 아미그달라가 유쾌한 감정을 들게 하는 좋은 방법 중의 하나가 경청이라고 한다. 이렇게 해서 누군가의 말을 경청한다면, 그는 유쾌한 감정으로 내면의 변화를 이끌어낸다.

세계적인 토크쇼 진행자 래리 킹은 경청을 강조한다. 그는 자신이 성공적인 토크쇼 진행자가 될 수 있었던 가장 큰 이유를 경청이라고 하면서 이렇게 말했다.

"훌륭한 화자가 되기 위해서는 먼저 훌륭한 청자가 되어야 합니다. 상대의 말을 주의 깊게 들으면 내가 말할 차례가 됐을 때 더 잘 응대할 수 있고, 말을 잘할 수 있으니까요."

아싸에서 핵인싸까지
유형별 대처법

　　"핵심을 말하려면 먼저 고객을 알아야 하지 않을까요? 고객에게 음식을 권한다고 합시다. 여기서 해야 할 말의 '핵심'은 무엇일까요? 고객이 제일 필요로 하는 음식이 곧 메시지의 '핵심'입니다. 갈증을 느끼는 고객에게는 시원한 냉면이 핵심이고, 배고픈 고객에게는 뜨끈한 김치찌개가 핵심이죠. 이렇듯 고객을 잘 파악하기만 하면 대화의 핵심이 저절로 손에 잡힙니다. 그래서 저는 고객 유형을 네 가지로 파악해 그에 맞게 핵심을 간추려 영업 현장에서 대화를 하고 있어요."

지방에 있는 모 자동차 지점장의 말이다. 그는 매해 전국 판매 1위를 달성하고 있었다. 그에게 어떻게 고객과 대화를 하는지에 물어보니 이렇게 대답했다. 그는 고객을 '행동유형 모델 DISC'에 따라 주도형, 안정형, 사교형, 신중형 네 가지로 나누고 있었다.

이는 참으로 탁월한 선택이다. 이 행동유형 모델 DISC는 1928년 미국의 심리학자 윌리엄 몰턴 마스턴에 의해 만들어졌다. 라이프 코치들은 이에 근거해 고객 성향에 맞게 상담을 함으로써 최고의 성과를 내고 있다.

일상과 사회생활에서 다양한 분야의 각양각색의 사람들과 접촉하면서 대화를 하게 된다. 그때마다 낯선 사람을 만나게 되면 상대가 어떤 사람인지를 전혀 알 길이 없어서 당황하는 일이 많다.

'저 사람은 어떤 성향일까?'
'저 사람에게 어떻게 핵심을 전달해야 할까?'

알고 보면 세상 모든 사람들의 유형은 간단하다. 행동유형 모델에 따라 딱 네 가지로 구분할 수 있다. 이를 잘 참고한다면, 상대를 확실하게 파악할 수 있고 그에 맞춰서 상대에게 꼭 필요한 핵심을 이야기할 수 있다. 행동유형 모델 DISC의 주도형, 안정형, 사교형, 신중형 네 가지 사람의 유형을 구체적으로 살펴보자.

주도형(Dominance)

자아가 강하고 목표 지향적이며, 도전에 의해 동기부여가 된다. 통제권을 상실하거나 이용당하는 것을 싫어한다. 말하기를 즐기며, 성과를 얻기 위해 말한다. '무엇(What)'에 초점을 둔다.

주도형의 말투 특징은 다음과 같다. 자기 이야기를 많이 하며, 본론 중심으로 말을 한다. 또한 성격이 급해 상대방의 말을 자주 끊고 자기 의사를 표시하며, 상대에게 다소 부담이 되는 말을 한다. 이 유형의 사람에게는 이 핵심적인 한마디로 대화를 열 수 있다.

"하실 말씀 있으면 마음껏 해보세요."

"본론을 말씀드리겠습니다."

사교형(Influence)

낙관적이고 사람 지향적이며, 사회적 인정에 의해 동기부여가 된다. 요즘 말로 '핵인싸' 타입이다. 사람들에게 배척받는 것을 꺼려하며 강압적 분위기에서 일을 잘하지 못한다. 말하기를 즐기며, 인정을 받기 위해 말한다. '누구(Who)'에 초점을 둔다.

사교형의 말투 특징은 다음과 같다. 웃으면서 말을 하며, 사적인 이야기를 잘한다. 또한 말을 할 때 제스처가 크며 대화 시 교감을 중시한다. 이 유형의 사람에게 이렇게 핵심적인 한마디로 대화를 열 수 있다.

"하하(호호) 참 인상이 좋아보이시네요."

"어제 집에서 있었던 일인데요…"

안정형(Steadiness)

정해진 방식으로 일하고 팀 지향적이며, 현재 상태를 안정적으로 유지하는 것에 의해 동기부여가 된다. 안정성을 상실하는 것과 변화를 꺼려한다. 사교형과 대비되는 '아싸'에 가까운 타입으로 강압적인 분위기에서 남을 위해 자신을 양보한다. 듣기를 즐기며, 이해를 하기 위해 듣는다. '방법(How)'에 초점을 둔다.

안정형의 말투 특징은 다음과 같다. 목소리가 작고 주로 듣는 편이며, 제스처를 많이 쓰지 않는다. 이와 함께 말에 감정을 잘 드러내지 않는다. 이 유형의 사람에게 이렇게 핵심적인 한마디로 대화를 열 수 있다.

"이해할 수 있게 말씀드릴 테니 잘 들어보세요."

"제일 중요한 방식에 대해 말씀드리죠."

신중형(Conscientiousness)

세부적인 사항에 주의를 기울이고, 분석적이며 과업 지향적이다. 정확성과 양질을 요구하는 것에 의해 동기부여가 된다. 자신이 수행하는 일을 비판당하는 것을 꺼리며, 강압적인 분위기에 비판적이다. 듣기를 즐기며, 분석을 하기 위해 듣는다. '이유(Why)'에 초점을 둔다.

신중형 말투의 특징은 다음과 같다. 말하기보다 질문을 좋아하는 편이며, 사무적인 말투의 특징을 가지고 있다. 이와 함께 어떤 사안에 대해 말할 때 대충하는 법이 없이 늘 정확한 분석과 비교를 중시한다. 이 유형의 사람에게 이렇게 핵심적인 한마디로 대화를 열 수 있다.

"질문 있으면 하세요."

"꼼꼼하게 데이터를 수집했는데 세부적으로 말씀드리죠."

누군가와 사적인 대화 혹은 비즈니스 대화를 할 때 이런 네 가지 행동 유형을 참고해야 한다. 이를 토대로, 상대방의 유형에 맞춰서 핵심을 간추려 전달하는 게 필요하다. 만약 상대가 사교형일 경우, 그에게 주도형의 목표 지향적이거나 도전적인 이야기를 던져라. 사교형에게 안정형에 맞는 팀 지향적인 이야기, 신중형의 분석적이고 과업지향적인 이야기를 해봤자 곁가지나 마찬가지다. 그에게는 화기애애하게 웃으면서 사람을 중시하는 사적인 이야기가 곧 핵심이다. 다른 행동 유형도 그렇다. 상대의 성향에 꼭 맞춘 핵심적인 한마디가 대화를 확 살아나게 한다.

전략 1

'저도 그래요' 공통점을 찾아라

"어머, C 브랜드 핸드백을 좋아하시나보죠?"

"네, 저는 이 브랜드만 쓰고 있어요."

"저도 그렇습니다. 저랑 취향이 비슷하셔서 대화가 잘 통할 것 같네요."

생면부지의 사람과 만날 때 자주 쓰는 대화법이다. 상대가 어떤 사람인지 모르는 상태에서 막연하게 내가 하고 싶은 말만 일반적으로 전달하는 건 마치 벽에다 대고 말을 하는 것과 같다. 전혀 상대방의 호응을 바랄 수 없다. 이와 달리 **상대방이 어떤 사람인지에 대해 알고 나서, 그것과의 공통점을 만들면 일사천리로 대화가 이어진다. 핵심이 쏙쏙 전달된다.**

사람은 자신과 공통점이 있는 사람에게 잘 끌리게 되어 있다. 이는 '유사성의 원리(Principle Of Similarity)', 일명 '유사성 효과(Similarity effect)' 때문이다. 유사성의 원리는 심리학자 돈 번에 의해 소개된 용어로 자신과 유사한 특성을 가진 상대에게 호감을 갖고 긍정적 평가를 하는 경향을 말한다. 누군가를 처음 만났다고 하자. 이때 출신지, 출신 학교, 직장, 취미, 관심사, 좋아하는 음식과 음악 등에서 공통된 것이 있으면 상대와 훨씬 친밀함을 나눌 수 있다.

왜 이런 현상이 생기는 걸까? 신념이나 생각과 태도와 행동 간의 부조화로 인해 생기는 불편함을 없애기 위해 사람들이 태도나 행동의 변화를 꾀한다는 '인지 부조화 이론'으로 설명할 수 있다. 사람들은 자신의 신념과 현실 간에 차이가 생기면 불편하기 때문에 그 불일치를 없애려고 한다.

대개 자신과 공통점을 가진 사람이 부정적으로 평가당하는 경우 곧 그와 유사한 자기 자신이 부정적 평가를 받는 것과 같게 느낀다. 그래서 자신과 공통점을 가진 사람을 만나면 자신의 주관, 가치관과 부합하기에 긍정적으로 평가를 내린다. 이로써 자신에 대한 긍정적 평가를 유지할 수 있는 것이다.

유사성의 원리는 막강하다. 직원을 채용하는 면접 시에 면접관은 자신과 유사한 지원자를 더 선호하고 그에게 높은 점수를 준다. 지원자의 고향, 학교, 취미, 관심사가 면접관과 동일한 경우, 면접관은 무의식적으로 합격의 문을 활짝 열어준다. 좀 더 극적으로는 남성 면접관은 남성 지원자를 선호하고, 백인 면접관은 백인 지원자를 더 긍정적으로 평가한다. 그렇기에 경영자와 관리자는 유사성의 원리에 따라 자기도 모르게 자신과 닮은 직원을 채용하게 되는 경향이 생긴다.

모 보험설계사가 상대와의 공통점을 매개로 효과적인 대화를 했다. 그는 고객을 만나기 전에 반드시 고객의 정보를 입수했다. 자신의 관심사, 취미, 고향, 학교, 직장 등 온갖 자잘한 정보를 토대로 고객과의 공통점을 반드시 찾아냈다. 그런 후, 고객과 대화를 할 때 도입부에 공통점을 언급하며 이야기를 이어나갔다. 이렇게 해서 그는 전국 최상위 실적을 자랑할 수 있었다. 그는 이렇게 말했다.

"보통 친구와 형제에게 영업을 하기가 쉽지 않습니까? 그러면 생면부지의 고객을 어떻게 친구, 형제처럼 만들 수 있을까요? 그렇습니다. 고객과의 공통점을 찾으면 됩니다. 일단 공통점을 찾으면 고객과 저는 친구와 형제가 됩니다. 그러면 내가 전달하는 영업의 핵심 메시지가 고객의 가슴에 잘 스며들게 됩니다."

만약, 부부 갈등 문제로 고민인 주부를 대상으로 부부 대화법 강의를 한다고 하자. 이때, 핵심을 잘 전달하게 만드는 강력한 도입부는 이것이다.

"저도 남편하고 대화가 잘 안 됩니다…."

피부 때문에 고민하는 여성에게 화장품을 판매한다고 하자. 이때는 이렇게 말하면 된다.

"저도 피부가 거칠어서 고민이었는데요. 이 제품을 쓰니까요…"

·········

'배가 아야 해요' 눈높이 말투가 훅 꽂힌다!

핵심을 잘 전달하는 사람들의 공통점이 뭘까? 이들이 상대에 대해 누구보다 정통하다는 건 기본 상식이다. 여기에다 이들의 말에 드러난 공통점이 있는데 과연 뭘까? 다들 알고 있지만 제대로 주목하지 않은 이것은 바로 상대의 '말투'를 따라 한다는 점이다.

엄마가 아이에게 불량 식품을 먹지 말라고 할 때 효과적인 말은 이것이다.

"이걸 먹으면 배가 아야아야 아파요."

쓸데없이 불량 식품의 성분이 어떻고, 또 이게 왜 문제가 되며, 이걸 먹으면 혼난다는 말을 늘어놓을 필요가 없다. 이 한마디로 족하다. 이처럼 핵심을 전달하기 위해서는 상대가 쓰는 말투로 상대에게 절실한 것을 말해야 한다.

이 방법은 특히 '영업'에서 뛰어난 효과를 발휘한다. 탁월한 영업자와 쇼호스트들은 실제로 고객의 말투를 따라 하는 것으로 핵심을 효과적으로 전달하고 있다. 모 가전제품 대리점에서 뛰어난 매출 성과를 내는 직원이 있었다. 그는 다른 직원들처럼 가전제품에 대한 설명을 앵무새처럼 되풀이하지 않았다. 세탁기, TV, 전자레인지, 공기청정기, 컴퓨터 등에는 하나같이 깨알 같은 설명이 적혀 있는 상품 설명서가 있다. 이 설명을 그냥 줄줄 읽어 내려가면 대체 몇 명이 그 이야기를 귀담아들을까?

그래서 그는 과감하게 제조사에서 만든 상품 설명서를 고객의 말투로 바꿨다. 가령, 어르신이 TV를 구매하러 올 때 이렇게 말했다.

"이 TV는 사용하기가 매우 간편합니다. 그리고 튼튼하게 만들어져서 잘 고장이 나지 않고요. 고장이 나면 24시간 내에 수리를 해드립니다."

가정주부가 세탁기를 구매하러 올 때는 이렇게 말했다.
"이 세탁기는 전기세를 많이 절약해줘요. 그리고 손빨래 하는 것처럼 꼼꼼하게 빨래를 원스톱으로 해줘서 애벌빨래 가 필요 없습니다. 게다가 초고속으로 빨래해줘서 바깥일이 있을 때 얼마나 편리한데요."

모 쇼호스트는 방송할 때마다 매진 사례를 기록했다. 그 쇼호스트는 주부였는데 역시나 주부의 입장을 잘 알고 있기 에 주부의 말투를 잘 활용했다. 그 쇼호스트가 구김 없는 폴 리 소재의 바지를 방송할 때는 이렇게 말했다.
"세상에, 유치원생 아들하고 놀아도 구김 하나 생기지 않 더라고요."

핸드크림을 방송할 때는 이렇게 말했다.
"요즘에 손이 왜 이렇게 건조한지…. 다들 그러시죠. 이 크 림을 설거지하고 나서 바르시면 손이 바로 매끈하고 부드럽다는 생각이 드실 거예요."

이처럼 상대에게 핵심을 단박에 전달하기 위해선, 자신의 말투를 남발하는 대신에 상대의 말투를 사용하는 게 좋다. 이는 영업 현장은 물론 일상생활과 직장 내에서의 소통에서도 잘 먹힌다. 직장 생활의 경우, 소통이 잘 되지 않아 고민인 사람이 참 많다. 이 경우 임원, 상사는 직원과 대화를 할 때 직원의 말투를 자기의 말에 사용하고, 직원은 임원과 상사의 말투를 자기의 말에 적용하면 핵심이 쏙쏙 전달되기에 소통이 원활하게 이루어진다. 따라서 소통의 장애로 인한 불필요한 시간과 에너지 낭비가 없어진다.

상대의 말투에서 특히 주목해야 할 것은 상대는 특정 감각이 발달해 있다는 점이다. 사람은 시각, 청각, 미각, 촉각, 후각을 가지고 있다. 사람은 각자 이 가운데 유별나게 발달한 감각이 있는데, 이게 말투에 드러난다.

"눈에 보이는 듯해요"라는 말투를 자주 쓰는 상대는 시각이 발달된 사람이고, "듣고 싶어요"라는 말투를 자주 쓰는 상대는 청각이 발달된 사람이다. 이와 함께 "달콤하네요"라는 말투를 자주 쓰는 상대는 미각이 발달한 사람이며, "손에 잡히는 듯 분명하네요"라는 말투를 자주 쓰는 상대는 촉각이 발달한 사람이다. 한편 "향기로운 이야기네요"라는 말투를 자주 쓰는 상대는 후각이 발달한 사람이다.

자, 이제 상대의 말투를 통해 어느 감각이 발달했는지를 알았다고 하자. 그러면 어떻게 그에게 말하면 될까? 간단하다. 상대의 감각에 맞는 말투를 자신의 말에 탑재하면 된다. 시각이 발달된 상대에게는 "훤하게 보여드릴게요"라고 하고, 청각이 발달된 상대에게는 "자세히 들려드릴게요"라고 하면 된다. 그리고 미각이 발달된 상대에게는 "달콤한 이야기를 해드릴게요"라고 하고, 촉각이 발달된 상대에게는 "안마받는 것처럼 편안해지실 거예요"라고 해보자. 마지막으로 후각이 발달된 상대에게는 "라벤더 향기처럼 좋은 느낌을 받으실 거예요"라고 말하면 된다.

전략 3

'손짓, 표정, 목소리' 자다가도 기억나는 제스처

카페에 남녀가 탁자를 사이에 두고 앉아 있다. 밖에서 이를 지켜보고 있다고 하자. 이 둘이 연인 관계인지 아닌지를 어떻게 알 수 있을까? 둘이 비슷한 제스처, 행동, 표정을 취한다면 연인 관계일 가능성이 매우 높다.

여성이 커피 잔을 들었을 때 남성도 커피 잔을 들거나, 남성이 머리에 손을 댈 때 여성도 머리 쪽에 손을 대거나 한다면 둘은 서로를 사랑하는 사이임에 틀림없다.

이는 사람들이 대화를 할 때 상대에게 호감을 가질 경우 상대를 따라 하는 경향이 있기 때문이다. 이처럼 사람들 사이에 제스처와 동작이 일치하는 걸 가리켜 '싱크로니 경향 (Interlocutional synchronism)'이라고 한다. 대화하는 상대에게 긍정적인 생각과 호감을 가질 경우, 제스처, 행동, 표정은 물론 말투까지 비슷해지는 경향이 있다. 그래서 오래 함께 산 부부가 서로 닮아간다는 말이 일리가 있다.

싱크로니 경향은 일상과 비즈니스 현장에서 자주 찾아볼 수 있다. 마음이 맞는 이웃과 대화를 할 때는 무의식적으로 그와 비슷한 동작, 말투를 따라 하게 된다. 가령, 상대가 한쪽 눈을 찡그리면 자신도 무의식적으로 그를 따라 하게 된다. 이와 함께 직장에서 회의를 할 때도 그렇다. 누군가와 의견이 같을 때 그와 유사한 말투와 제스처를 취하게 된다. 가령, 상대가 "팩트를 말하자면…"이라는 말을 자주 쓰면 자신도 무의식적으로 그 말을 따라서 사용하게 된다.

만약 이웃과 대화를 하거나, 직장에서 동료와 대화를 하는데 서로 동작, 말투에서 엇박자가 난다면 이는 곧 서로 좋은 감정을 갖고 있지 않다는 걸 의미한다.

그렇다면 이를 역으로 활용할 수 있지 않을까? 원인과 결과를 바꾸자는 것이다. 호감을 가지면 그 결과로 서로 따라 하게 되는 법칙을 역으로 바꿔서 서로 따라 함으로써 호감을 갖게 하자는 말이다. 결론부터 말하면 가능하다. 이런 현상을 심리학에서는 거울에 비친 것처럼 동작을 하는 '미러링 효과(Mirroring effect)'라고 한다. 이는 미국의 심리학자 체틀랜드와 바그 박사가 실험을 통해 입증했다.

두 박사는 두 쌍의 실험 대상자에게 15분간 사진을 보면서 사진에 대한 느낌을 이야기하도록 시켰다. 이때 한 쌍은 한 사람이 화자의 행동을 따라 하는 미러링을 했고, 다른 한 쌍은 미러링을 하지 않았다. 그 결과 이런 결론에 다다랐다.

"상대의 행동을 따라 하면 호감을 느끼게 되고 대화 분위기를 훨씬 부드럽게 만들 수 있다. 단, 너무 노골적으로 따라 하면 상대가 싫어할 수 있으므로 미러링은 상대방이 눈치채지 못하게 하는 게 효과적이다."

미국의 심리학자 루이스 박사는 미러링 효과를 통해 비즈니스의 상황에서 상대의 동의와 설득을 얻을 확률이 50퍼센트 높아진다고 했다. 이 효과는 회의나 영업, 발표, 협상 등을 할 때 특히 매우 유용하다. 회의, 영업, 발표, 협상의 궁극적인 목표가 바로 상대의 동의, 곧 설득이기 때문이다. 상대에게 전달하는 모든 말의 핵심은 그것에 맞춰져 있다.

따라서 말이 제대로 역할을 수행할 수 있도록 미러링 효과를 잘 활용해야 한다. 이 효과는 백 마디 이상의 큰 위력으로 상대의 무의식을 자극해 거부감과 반발심을 무장해제하게 만들며, 자신이 원하는 핵심을 잘 전달할 수 있게 만든다. 상대를 따라 할 수 있는 미러링의 유형은 많다. 대표적으로 다음과 같은 것들이 있다.

- 표정: 미소, 하품, 웃음, 눈 깜빡임 등
- 목소리: 말의 속도, 말하는 스타일, 말투, 자주 쓰는 단어, 호흡 등
- 제스처: 손동작, 고개 끄덕임, 맞장구, 걷는 동작 등

말의 핵심이 잘 전달되지 않을지 걱정되는가? 대화 상대가 철옹성처럼 겹겹이 마음을 닫고 있는가? 이때는 상대와 함께한 자리에서 상대가 눈치채지 못하게 그를 은근히 따라 하라. 그러면 상대가 오래된 친구처럼 호의적으로 바뀌게 되어, 원하는 걸 이끌어낼 수 있다.

**똑똑한
대화
꿀팁**

(2)

대중 앞에서 주눅 들지 않는 비결

"떨려서 자기소개를 잘 못하겠어요."

한 승무원 지망생의 고민이다. 이 여대생은 면접 때마다 떨려서 자기소개를 잘 못하겠다고 토로했다. 준비가 부족했던 걸까? 그것도 아니었다. 여대생은 자기소개 준비를 착실히 했다. 내 앞에서 시연해보라고 하니, 척척 해냈다. 첫 도입부에 인상적인 멘트를 날려서 관심을 끌었고, 업무와 연관성이 있는 동아리 활동을 잘 소개했다. 시간도 1분을 지켰다.

다소 눈빛에 힘이 없는 것 말고는 흠잡을 데 없는 자기소개였다. 대화를 나누다 보니 그 여대생이 떨리는 원인이 무엇인지 짐작이 갔다.

"말할 때 떨리는 원인 중의 하나가 준비 결여입니다. 요령껏 말할 준비가 안 되면 떨리는 통에 허둥지둥대고, 횡설수설하게 되죠. 그런데 학생은 완벽하게 준비를 했어요. 그렇다면 다른 문제가 있나 보군요."

그 여대생과 대화를 나누어본 결과, 떨림증의 원인을 찾을 수 있었다. 바로 '열등감'으로 인한 발표 공포증이었다. 자기에 대한 존중감이 낮아졌기에 당당한 눈빛을 가질 수 없었다. 그 여대생에게 열등감을 잘 다스리는 것에 주력하라고 주문해주었다. 이와 함께 1개월여 그 여대생과 허심탄회하게 대화하는 시간을 가졌다. 이로써 열등감 해소에 도움을 주고자 했다. 몇 달 후, 그 여대생은 모 항공사에 합격했다는 소식을 전해주었다.

말할 때 떨리는 원인에는 세 가지가 있다.

① 준비 결여

② 발표 공포증

③ 컨디션 난조

이런 원인을 갖고 있는 사람들은 금방 티가 난다. 불안한 눈빛으로 횡설수설한다. 면접, 프레젠테이션 심사를 많이 해온 나는 그런 티가 나는 즉시 심사를 끝내버린다. 더 이상 듣고 자시고 할 게 없다.

젊은 시절의 스티브 잡스와 에이브러햄 링컨 또한 발표를 잘하는 편은 아니었다. 세계적인 명프레젠터 스티브 잡스는 원래 말하기에 대한 공부나 훈련을 전혀 하지 않은 사람이었다. 그래서 떨림증이 매우 심한 편이었다. 그가 한 방송사에서 인터뷰를 할 때였다. 너무 긴장한 나머지 핏기 없는 얼굴로 방송 직전에 이렇게 물었다.

"화장실이 어디에 있습니까?"

"설마, 농담 아니시죠. 지금 촬영해야 하는데요."

그는 화장실을 다녀온 후로도 변한 게 없었다. 자신이 무슨 말을 하는지 알지 못할 정도로 긴장한 채로 떠벌렸다.

세계적인 명연설가인 미국의 16대 대통령 에이브러햄 링컨 역시 마찬가지였다. 정치 초년병 시절, 그는 철저하게 준비하지 못한 탓에 늘 긴장한 상태에서 연설을 했다. 두드러지게 큰 키에 무표정한 얼굴, 그리고 쇳소리 나는 목소리로 말을 했다. 이런 탓에 아무도 그의 연설을 주목하지 않았다.

〈킹스 스피치〉에 등장하는 영국의 조지 6세 역시 발표 공포증에 시달렸다. 앞서 언급했듯, 발표 공포증은 흔히 열등감 때문에 생긴다. 그는 극심한 긴장으로 인해 말을 더듬었는데 자신보다 뛰어난 형 에드워드 8세에 대한 열등감 때문이었다. 이런 그도 언어 치료사를 만나 말하기 훈련을 지속하면서 열등감을 극복한 끝에 탁월한 연설가가 될 수 있었다.

말하는 게 직업인 나 또한 예기치 않게 컨디션 난조를 겪는다. 내가 아무리 잘 준비하고, 또 자존감이 높다고 해도 컨디션이 좋지 않으면 떨리게 되어 제 기량을 발휘하지 못한다.

사람들 앞에서 주눅 들거나 떨지 않고 말하기 위해서는 다음 세 가지를 잘 대비해야 한다.

철저한 준비
우선 준비를 철저히 하는 게 필요하다. 아무리 좋은 콘텐츠를 소개한다고 해도 또 아무리 해당 분야의 탁월한 실력자라고 해도 준비를 하지 않으면 떨려서 제대로 할 말을 못한다. 그러므로 말하기 전에 겸허히 만반의 준비를 하는 자세를 갖춰야 한다.

발표 공포증 대비

다음으로 발표 공포증을 잘 다스려야 한다. 발표 공포증의 주된 원인인 '열등감'을 다스리기 위해서는 자존감을 길러야 한다. 자존감을 높이는 가장 좋은 방법은 우선 자신의 장점 열 가지를 헤아려보는 것이다. 이를 습관적으로 반복하다 보면 자아 존중감이 쑥쑥 자라날 것이다.

이와 함께 열등감이 없는 사람도 대중 앞에서 말하기 어려울 때가 있다. 이럴 때는 말 떨림을 극복하는 요령 여섯 가지를 습득하는 게 좋다.

① 누구나 말할 때 떤다는 사실을 기억하고 떨림을 당연하게 받아들이자.

② 실수에 무덤덤하게 대처하자.

③ 청중은 독립된 개인의 모임이므로 아무리 사람이 많아도 한 명과 대화를 한다고 여기자.

④ 잘 말하고 있는 자신의 이미지를 떠올리자.

⑤ 발표를 하기 전에 복식호흡과 함께 간단한 체조를 하자. 3초간 천천히 코로 숨을 마시고 나서 6초간 길게 입으로 숨을 내쉬어주거나 간단한 체조를 하면 긴장감이 줄어든다.

⑥ 자기만의 구호, 동작 등으로 의지할 행동을 만들면 마음의 안정을 얻을 수 있다.

컨디션 조절

마지막으로 컨디션을 잘 제어해야 한다. 평소 자신의 컨디션을 잘 파악하고 조절하는 노력이 필요하다. 그러다가도 예기치 않게 컨디션이 좋지 않을 경우, 떨림을 극복하는 요령 가운데 다섯 번째가 특히 많은 도움이 된다.

누구나 준비 부족, 발표 공포증, 컨디션 난조로 인해 떨림을 겪게 된다. 떨리면 머리가 하얗게 변하면서 요점을 잊어버려 횡설수설하게 된다. 이게 바로 철저한 준비로 떨림증에 굿바이를 외쳐야 하는 이유다.

덜어낼수록
완벽해진다

바로 써먹을 수 있는
'핵심'을 꿰는 기술

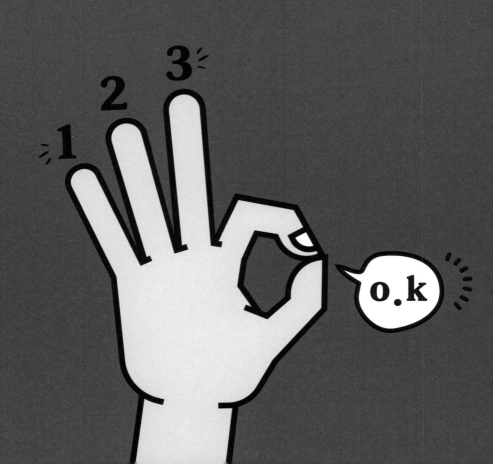

빅토르 위고를 만든
물음표의
기적

시험장에 있는 수험생들을 보면 다들 나름의 노트를 들고 있다. 이는 그동안 공부한 내용을 요약정리한 것이다. 수험생들은 책 내용을 일목요연하게 정리한 노트를 보면서 머릿속에 저장해둔 기억을 선명하게 되살린다. 그러곤 시험을 볼 때 머릿속에 저장된 내용을 효과적으로 불러낸다.

그런데 만약 시험장에서 수험생이 요약정리한 노트를 가

지고 있지 않다면 어떻게 될까? 두툼한 책을 꺼내서 이곳저 곳을 허둥지둥 훑어보는 일이 생기지 않을까? 그러다가 중요 한 부분을 빼먹을 수도 있다. 이렇듯 요점 정리는 매우 중요 하다. 공부한 내용을 잘 요약해 정리해두면 시험 당일에 전체 내용을 한눈에 훑어볼 수 있다.

말하기도 마찬가지다. 말하기 전에 말하고자 하는 내용을 요약정리해둬야 한다. 요약정리를 하지 않고 줄줄 늘어놓으 면 시간이 허비되는 건 물론이고 상대방이 집중하지 못한다. **시험공부 할 때 공부한 내용을 요약정리하듯, 누군가에게 말을 할 때 말할 내용을 요약정리를 해야 상대방의 귀에 쏙쏙 전달이 된다.**

집 근처 대형 마트에 들렀을 때다. 여러 가지 식재료를 사 고 나서 식초 코너에 들어섰다. 새내기인 듯한 직원에게 좋은 식초를 소개해달라고 했다. 그러자 직원이 식초 하나를 꺼내 들더니 이렇게 말했다.

"이 식초는 유명한 P사 제품이라 믿을 수 있어요. 요즘 TV 에서 탤런트 염정아가 광고하고 있는데요. 시청자분들이 너 무 좋아하더라고요. 그 광고 너무 재밌지 않나요? 그리고 이 식초는 천연 양조 제품이에요. 다른 제품들에는 화학 성분이

들어갔는데요. 이 제품은 자연적으로 발효를 시킨 제품이에요. 그래서 건강에도 좋고, 미용에도 좋아요. 그리고 가격도 이 식초가 훨씬 저렴하고요. 요즘 경기가 어렵잖아요. 이게 딱이에요. 저도 집에서 이걸 쓰고 있어요."

선 채로 그 이야기를 듣던 나는 시선을 한곳에 두지 못했다. 다른 식초와 식초 코너 옆에 있던 케첩을 살펴보았다. 그 결과로 직원이 하는 말을 제대로 듣지 못했다. 직원은 제품에 대한 지식을 달달 암기해서 친절하게 설명하려고 한 듯했다. 하지만 그 직원은 내게 효과적으로 소개하는 데 실패했다.

이유는 많은 정보를 줄줄 나열했기 때문이다. 나는 식초 하나만 사러온 것이 아니기에 빠른 시간에 식초를 구매한 후 다른 코너로 이동해야 했다. 그런데 직원은 내 사정을 헤아리지 못한 채 한가하게 백화점식으로 정보를 나열했다. 그러다가 쓸데없이 시청자가 광고를 좋아하며 자기도 재밌게 본다느니, 자기도 이 제품을 쓴다느니 하는 말을 불필요하게 늘어놓았다. 그 결과 내 주의가 분산되고 말았다. 그 식초를 사긴 했지만 직원의 효과적인 제품 소개가 아쉽다는 생각을 지울 수 없었다.

그 직원에게 필요한 건 요점 정리, 간단히 말하면 요약이

다. 그 직원의 나열식 설명을 요약된 설명으로 바꿔보면 이렇
게 된다.

"이 식초는 장점은 세 가지예요. 첫 번째로 믿을 수 있는
회사 제품이고, 두 번째로 천연 양조 제품이고요. 마지막으로
가격까지 무척 저렴하답니다."

어떤가? 한눈에 쏙 들어오지 않는가? 듣는 사람이 한눈팔
지 않게 단 몇 초에 요점을 효과적으로 전달할 수 있다. 아무
리 바쁜 사람도 이 말을 듣는 순간 온전히 정신을 집중하게
된다. 그리하여 그 말에 빨려들고 만다.

세계적인 프랑스의 문호 빅토르 위고가 무명 시절일 때
이야기다. 그가 심혈을 기울여 쓴 『레미제라블』을 출판사에
보냈지만 아무런 연락을 받지 못했다. 조급해진 그는 출판사
에 편지를 써서 보냈다. 그 편지에는 요점 중의 요점만 들어
있었다. 바로 이것이다.

"?"

이는 거두절미하고 "내 원고를 출판하시겠습니까?"라고

묻는 질문이었다. 그러자 출판사 역시 요점만을 넣은 편지를 그에게 보냈다.

"!"

이는 "대단합니다. 출판하겠습니다"라는 의미였다. 만약, 빅토르 위고가 편지에 쓸데없이 안부 인사에 자신의 어려운 처지를 늘어놓았다면 요지가 흐려지고 말았을지 모른다. 그렇게 될 경우, 그 편지를 받은 출판사 대표 또한 요지를 받아들이지 못한 채 엉뚱한 답변을 할 수 있었다. 하지만 언어의 마술사 빅토르 위고는 역시 달랐다.

요점 정리를 하지 않고 말하는 건 마치 약도 없이 낯선 곳을 방문하려는 것과 같다. 약도가 없으면 길을 찾지 못해 갈팡질팡하다가 엉뚱한 길에 들어서고 만다. 요점 정리를 하지 않고 말하면 불필요한 이야기를 생각나는 대로 지껄이게 되는 것이다.

간결한 이야기 구성법 4가지

누군가에게 말을 해야 하는 상황은 잡담, 회의, 보고, 발표, 자기소개, 영업 등 다양하다. 이와 함께 할 말 또한 다채롭고 한정되지 않는다. 따라서 상대에게 말이 전해지는 방식도 여러 가지다. 우리 주변을 둘러보면 말하는 방식이 천차만별임을 확인할 수 있다. 그 가운데 한도 없이 시간을 잡아끄는 유형이 있다.

대표적으로 꼬리에 꼬리를 물 듯, 이야기를 하염없이 풀어놓는 유형이다.

"우리 남편이 말이죠. 이번에 임원으로 승진되어서 새로 외제차를 샀거든요. 그 외제차를 유명 탤런트 공유가 타고 다니는 거 잘 아시죠? 아참 그 탤런트가 우리 옆 동네에 사는데요. 집을 리모델링을 했다던데. 요즘 재테크 수단으로 리모델링 많이 하잖아요. 그래서 말인데요, 요번에 내가 경기도에 있는 작은 상가를…"

이런 이야기는 사적인 대화에서 종종 들을 수 있다. 이런 대화 방식은 시간을 많이 뺏을 뿐만 아니라 핵심이 없다. 그래서 듣는 이는 한 귀로 듣고 한 귀로 흘려보낸다. 이런 대화 방식은 회의, 보고, 발표, 자기소개, 영업과 같은 자신의 능력 평가와 직결되는 말하기를 할 때는 피해야 한다. 공적인 대화에서는 최소한의 시간 안에 '핵심'을 전달해야 한다.

그래서 효율적으로 핵심을 전달하는 말하기 방식이 필요하다. 여기에는 크게 네 가지 방식이 있다. '**3단계 화법, EOB 화법, PREP 화법, 4단계 화법**'이다. 건축물을 지을 때 설계도가 있어야 차질 없이 원하는 집을 지을 수 있듯이, 설계도 역할을 하는 네 가지 화법에 맞추어 말을 해야 효과적으로 전달할 수 있다. 차례대로 살펴보자.

3단계 화법

서론 + 본론 + 결론의 구성으로 이야기를 전달하는 방식이다. 이를 OBC 화법이라고도 한다. Opening + Body + Closing의 구성을 취하고 있기 때문이다. 이는 보편적으로 가장 많이 사용하는 말하기 방식으로, 앞서 '1분 스피치'의 예에서 보았다. 서론에서 이야기의 흥미로운 도입부로 청중을 주목시키고 자기 입장을 밝힌다. 그다음 본론에서는 그 근거를 구체적으로 전개한다. 마지막으로 결론에서는 이야기를 정리해 마무리하면 된다. 간략히 예를 들면 다음과 같다.

"저는 기획 1팀의 마케팅 방안을 반대합니다. 세 가지 이유에서 그렇습니다. 첫째… 둘째… 셋째… 따라서 이번 마케팅 방안은 철회되어야 한다고 봅니다."

EOB 화법

스토리텔링 형식의 이야기 전달 방식이다. 이는 E(example), O(outline), B(benefit)의 약자로 먼저 사례를 제시하고 나서 요점과 핵심을 정리한 후 핵심 메시지를 전달한다. 예를 들어보자.

E 우리 제품 개발부는 이번 제품을 개발하면서 수많은 난관을 헤쳐나왔습니다. 제품개발지원금 삭감과 임원의 무관

심, 일부 팀원의 이탈이 있었지만 똘똘 뭉쳤습니다. 야근을 밥 먹듯이 하면서 제품을 개발하는 데 온 힘을 다했습니다.

O 이렇게 해서 이번에 만들어낸 이 제품에는 우리 팀의 피와 땀이 녹아 있습니다. 이전의 그 어떤 제품에도 이만한 정성을 기울인 적이 없습니다.

B 따라서 제품 개발부 직원을 격려하는 차원에서 이 제품을 내년에 반드시 출시해주시길 바랍니다.

PREP 화법

화자가 메시지를 적극 주장할 때 유용한 이야기 전달법이다. 이는 P(point), R(reason), E(example), P(point)의 약자다. 먼저 '주장'을 하고 나서 이유를 든 후, 그 사례를 들어준다. 그러고 나서 마지막으로 다시 한 번 주장을 반복해 강조한다. 다음과 같다.

P 이 건강 제품을 꼭 사셔야 합니다.

R 왜냐하면 이 제품에는 고객분들의 건강에 도움이 되는 성분이 많이 들어 있기 때문입니다.

E 사용하는 분들의 사례를 말씀드리겠어요. 탤런트 C가 이 제품을 쓰고 나서 피로감이 싹 없어졌다고 소감을 말씀하셨습니다. 그리고 유명 아나운서 J와 벤처 기업인 H가 현재

이 제품을 사용하고 있어요. 두 분도 이 제품을 사용하고 나서 20대로 돌아간 것 같다고 말씀하셨지요. 이외에도 운동선수 K도 사용해서 체력을 끌어올리는 데 큰 도움을 받았다고 했습니다.

P 그래서 자신 있게 이 제품을 권해드립니다. 절대 이 제품을 놓치지 마세요.

4단계 화법

한시를 지을 때 쓰는 기 + 승 + 전 + 결의 구성으로 이야기하는 방식이다. 이는 전문적인 화술가들이 심심치 않게 사용하는 화법이다. '기'에서 화제를 제시하고, '승'에서 화제를 전개하며, '전'에서 방향을 바꾸어 새로운 이야기를 한 후 '결'에서 전체를 묶어서 끝맺음을 하면 된다. 이해를 쉽게 하려면, 4컷 만화를 떠올리면 된다. 4컷 만화가 기승전결의 4단계 구성을 하고 있다. 예를 들면 이렇다.

기 다른 부서는 일하는 분위기가 좋습니다.

승 서로 잘 협동하고, 추진력이 매우 좋습니다.

전 우리 부서는 그렇지 못합니다.

결 그렇기에 이번에 우리 부서는 새로운 계기를 만들어 일할 맛 나는 분위기를 조성해야 합니다.

이 가운데 몇 개를 자주 활용하면서 자기 것으로 만들어 보자. 그러면 어떤 상황에서 어떤 말을 해야 할 때도 당황하지 않고 즉각 할 말을 구성에 맞추어 정리하여 막힘없이 이야기할 수 있다. 단, 위에서 4단계 화법은 다른 이야기 구성법에 비해 난이도가 있기에 숙달된 경우에만 사용하는 게 좋다. 그래서 충분한 연습을 거치지 않은 경우에는 삼가도록 하자.

상대방이
멍해질 때 쓰는
뼈 있는 한 방

    앞의 3단계 화법을 더욱 자세히 알아보자. 3단계 화법에서 핵심, 곧 자기 의견을 뒷받침하는 부분이 본론이다. 본론이 없으면 제아무리 독창적인 주장도 힘을 잃어버린다. 본론이 튼튼하게 만들어져야 그에 맞는 자기 의견, 즉 결론이 힘을 얻는다. 몸통인 본론이 없는 결론은 공허하다.

    그러므로 본론 부분에서 말하고자 하는 생각을 일목요연

하게 정리하는 기술이 필요하다. 그래야 듣는 이가 멍하니 딴 생각을 하는 결과를 방지할 수 있다. 머릿속에 가득한 생각을 요약정리해보자. 떠오르는 생각을 물 흐르듯이 줄줄 이야기 하면서 말을 유창하게 잘한다고 착각하지 말아야 한다. **생각을 입으로 표현할 때는 반드시 요약정리가 되어야 한다.**

요약정리라고 해서 특별히 어렵게 생각할 필요가 없다. 사실 우리 주변에는 요약정리가 일상화되어 있다. 이렇게 해서 사람들은 어떤 물건이나 대상을 접할 때, 그게 무엇인지 혼란에 빠지지 않고 한눈에 이해할 수 있기 때문이다.

과일 가게를 예로 들어보자. 가게에 진열된 과일들은 종류별, 품질별로 정리되어 있고 그 코너 앞에 요약된 한 개의 가격표를 붙여둔다. 그래서 특정 과일을 사러온 고객은 가게 문에 들어서자마자 자신이 원하는 과일 코너 앞에 갈 수 있다. 그러곤 그 가운데에서 가격이 적당한 과일을 선택할 수 있다. 이 과정이 매우 빨리 진행된다. 또한 과일 가게 사장은 손님에게 이렇게 요약정리해서 과일을 소개할 수 있다.

"우리 가게에는 세 가지 가격대의 사과와 배, 두 가지 가격대의 포도, 귤, 딸기가 있습니다."

그런데 만약 과일 가게가 제대로 정리되어 있지 않다면?

사과, 배, 포도, 귤, 딸기가 가게에 들어온 순서대로 뒤죽박죽 진열되어 있다면 어떻게 될까? 고객은 원하는 가격대의 과일을 찾기 위해 잠시 동안 헤맬 수밖에 없을 것이다.

과일 가게 사장이 손님에게 과일을 소개할 때도 혼란스러울 수밖에 없다.

따라서 누군가에게 말을 할 때는 요약과 정리가 중요하다. 말하는 사람의 설명이 명쾌하면 듣는 이가 간명하게 이해할 수 있다. 그렇지 않으면 종잡을 수 없다. 이 상황에 딱 맞아떨어지는 말이 '요령부득'이다.

쇼호스트들을 상대로 스피치 강의를 진행했을 때다. 쇼호스트들의 경력은 쟁쟁했다. 아나운서, 탤런트, 개그맨, MC, 미인대회 입상자, 스튜어디스 등 다양한 분야를 거쳐 쇼호스트가 된 사람들이었다. 다들 말솜씨에 자부심이 대단했다. 내색은 안했지만 다들 한 가닥 한다는 듯한 티를 냈다. 대체로 다들 교육을 잘 따라왔다. 단 한 사람이 예외였다. 그는 지역의 각종 행사 사회를 십여 년간 맡아온 베테랑이었다. 막힘없이 술술 재밌게 이야기를 하는 능력이 탁월했다. 그런데 바로 그 능력이 발목을 잡았다.

그는 요약정리를 하는 습관이 부족했던 것이다. 압력밥솥을 소개할 때면 이런 식이었다.

"이 밥솥은 원터치…이기에 작동이 간편하고요. 주부를 위해 …한 예약 기능과 쉽게 …있는 세척 기능이 있습니다. 그리고 요즘 … 전기세가 적게 들어요. 게다가 직장인의… 고슬고슬한 밥맛과 어르신을 …쫀득쫀득한 밥맛 두 가지를 느껴보실 수 있어요."

이렇듯 정보를 줄줄 나열했다. 방송에서 쇼호스트가 하는 제품 소개는 만담이 아니다. 주절주절 생각나는 대로 매끄럽게 이야기했다고 만사 끝으로 보면 오산이다. 이렇게 말해선 주방 일을 보거나, 아이를 돌보다가 잠깐 TV에 시선을 고정한 주부를 설득할 수 없다. 주부의 머릿속은 핵심을 잃고 혼란에 빠진다.

위의 소개는 '기능 면'의 장점과 '밥맛' 두 가지로 요약정리할 수 있다. 기능 면의 장점은 작동이 간편하고, 예약 기능과 세척 기능이 있고 전기세가 적게 든다는 점이다. 밥맛은 고슬고슬한 밥맛과 쫀득쫀득한 밥맛 두 가지 맛을 낼 수 있다는 장점이 있다. 따라서 방송에서 밥솥은 이렇게 정리되어 소개되어야 한다. 그래야 경황없이 바쁜 주부들이 핵심을 쏙쏙 받아들이게 된다.

"이 밥솥은 기능 면에서는 네 가지 장점을 가지고 있고 두 가지 밥맛을 만들어냅니다. 기능 면에서는 원터치이기에 작동이 간편하고, 주부를 위한 예약 기능과 쉽게 청소할 수 있는 세척 기능이 있고요. 전기세까지 무척 적게 들지요. 그리고 밥맛 면에서는 직장인이 선호하는 고슬고슬한 밥맛과 어르신들이 좋아하시는 쫀득쫀득한 밥맛을 느낄 수 있어요."

맨 앞의 첫 줄 '이 밥솥은 기능 면에서는 네 가지 장점을 가지고 있고 두 가지 밥맛을 만들어 냅니다'가 핵심이다. 이 밥솥의 여섯 가지 장점을 한 줄로 요약정리했다. 그러고 나서 이 말 다음에 부연 설명을 보탰다.

이런 말을 들으면 정성껏 잘 차린 상을 대접받는 느낌이 들지 않을까? 그뿐 아니라 들으면 단박에 핵심을 전달받을 수 있다.

직장에서 보고, 발표를 할 때도 그렇다. 머릿속에 들어 있는 정보를 두서없이 나열해서는 곤란하다. 머릿속에 들어 있는 정보를 그 성격에 따라 그룹지어 정리하고, 요약하는 노력이 필요하다. 이렇게 잘 요약정리된 정보는 3단계 화법의 본론을 튼튼하게 뒷받침해준다.

한 문장엔
하나의 메시지를!

말을 들어보면 그 사람의 글을 엿볼 수 있다. 역으로 글을 읽어보면 그 사람의 말을 엿볼 수 있다. 말과 글은 서로 닮는다. 평소 긴 문장을 쓰길 좋아하는 사람은 말을 할 때도 긴 호흡의 문장으로 말한다. 이와 달리 평소 짧은 문장을 쓰길 좋아하는 사람은 말을 할 때도 짧은 문장으로 말한다.

이와 함께 무슨 의미인지 알쏭달쏭하게 길게 글 쓰는 사람은 말을 할 때도 길게 말해서 상대가 그 의미를 알기 어렵게 만든다. 반면에 정확한 의미를 전달하는 짧은 문장을 쓰는 사람은 말을 할 때도 상대의 귀에 쏙쏙 들어오도록 센스 있게 말한다.

어느 정도 말하기에 자신 있다고 하는 사람들도 종종 범하는 실수가 장황한 문장으로 말하는 버릇이다. 제법 긴 호흡으로 말을 계속 이어가는 자신에 도취되다 보면, 언제 끝날지 모르게 길게 말을 하게 된다. 그러면 전달하는 말이 주어와 서술어 호응이 되지 않아 문법 오류를 범하기 쉽고, 또 메시지가 여러 개여서 듣는 사람이 혼란스럽게 된다.

모 기업체 임원이 그랬다. 그는 한번 입을 뗐다 하면 마침표가 나올 때가지 평균 30~40초씩 시간을 잡아먹었다. 그 정도의 시간이면 여러 개의 명쾌한 문장을 말하고도 남는 시간이다. 그는 항상 이런 식이었다.

"외국에 수출할 제품의 생산 라인에서 소요되는 원가는 확정적이기 때문에 원가 절감의 여지가 거의 없지만 반면에 마케팅비와 운송비에 소요되는 원가는 충분히 절감할 수 있는 여지가 있으며, 향후 외국 수출 제품을 기획하는 단계에서 새로운 방안을 구축하여 막대한 원가 비용을 절감할 수 있도록 각 부서와 긴밀한 협조 체제를 갖추는 것을 적극 추진해야 합니다."

이렇게 길게 문장을 늘어뜨리는 식으로 말을 하면 듣는 사람이 혼란스럽다. 뭔 말을 하는지 종잡을 수 없다. 이 말은 두 개, 세 개 문장으로 끊어주는 게 좋다.

"외국에 수출할 제품의 생산 라인에서 소요되는 원가는 확정적이기 때문에 원가 절감의 여지가 거의 없습니다. 하지만 마케팅비와 운송비에 소요되는 원가는 충분히 절감할 여지가 있습니다. 향후 외국 수출 제품을 기획하는 단계에서 새로운 방안을 구축하여 막대한 원가 비용을 절감할 수 있도록 각 부서와 긴밀한 협조 체제를 갖출 것을 적극 추진해야 합니다."

똑같은 내용이지만 이렇게 짧게 여러 문장으로 나눠주면, 그 의미가 잘 전달된다. 모르긴 해도 이 사람은 글쓰기도 긴 문장을 즐겨 쓰는 스타일일 가능성이 높다. 그게 말에도 그대로 이어졌다. 글을 쓸 때는 물론 말을 할 때도 짧은 문장으로 말하는 습관을 길러야 한다. 글쓰기 전문가들은 이구동성으로 이렇게 말한다.

"한 문장에 하나의 생각을 담으세요."

글로벌 기업 GE에서 엔지니어들에게 기획서와 제안서 작성법을 가르쳐온 설득 커뮤니케이션 전문가 톰 샌트 역시 같은 의견이다.

"한 문장은 하나의 아이디어다. 문장은 그 안에 오직 하나의 아이디어만을 포함할 때 가장 큰 효과를 발휘한다."

이는 글에서뿐만 아니라 말에서도 통용되는 법칙이다. 보고, 회의, 발표, 협상, 영업을 할 때 긴 문장으로 여러 개의 메시지를 말하는 건 말의 연막탄을 쏘는 것과 같다. 뭔가 뭔지 알 수 없게 된다. 말을 할 때는 짧은 문장 하나에 한 가지의 생각을 담아야 한다. 그래야 핵심적인 의미가 쏙쏙 상대방에게 전달된다.

기술 2

'성·적으로·화'나게 만드는 용어들

필요하지 않은 말인데 습관적으로 쓰는 게 있다. 그 말을 쓰면 왠지 모르게 유식하게 보이기 때문에 자주 사용한다. 대표적으로 세 가지가 있다. '적(的)', '성(性)', '화(化)' 인데 명사 뒤에 붙는 접미사다. 얼마나 자주 많이 사용하는지 보자.

A "이번 일로 몸적으로 너무 힘듭니다."

B "그에게는 정직성이 부족합니다."

C "디지털화 한 고객 성향을 파악했습니다."

A의 경우, 육체에 '적'이 붙었다. 이렇게 '적'을 사용하는 표현이 많다. 정신적으로, 기술적으로, 핵심적으로, 공동체적으로, 전통적으로 등 누구나 자주 사용한다. 사실, '적'은 없어도 무방하다. 그런데도 한자 '적'을 남발하는 이유는 사용할 때 어쩐지 유식해지는 듯한 착각이 들기 때문이다.

앞의 말의 경우 이렇게 바꿔서 사용하는 편이 훨씬 간명하다.

"이번 일로 몸이 너무 힘듭니다."

특히나, '적'은 우리말을 모호하게 만드는 '적(敵)'이다. '적'은 일본어 주격조사 'の'의 영향을 받은 일본식 조어이다. 일상 대화에서 '적'은 남용이라 해도 무방할 정도로 심각하게 많이 쓰인다. 특별한 자리, 공식 석상에서는 사용을 의식적으로 지양해야 한다. 자신의 말에 '적'이 들어간 순간, 말의 수준이 밑바닥으로 추락하고 만다.

B의 경우, 정직에 '성'이 달라붙었다. '성'이라는 말이 붙으면 뭔가 그럴듯해 보이지만 그건 오해다. 군더더기가 될 뿐이며 산뜻한 말의 의미를 방해할 뿐이다. 식물성, 근접성, 다양성, 유의성, 필요성 등의 단어들이 그 예이다. '성'은 빼거나 풀어주는 게 좋다. 가령 '식물성'은 '식물로 만든'으로, '근접성'은 '근접하기 좋은'으로 바꿀 수 있다. '성'이 꼭 필요한 경우에는 사용하되 그렇지 않은 상황에는 사용하는 걸 삼가야 한다. 자주 남발하지 말아야 한다.

앞의 말의 경우 이렇게 바꾸는 게 좋다.

"그는 정직하지 않습니다."

C의 경우, 디지털에 혹처럼 '화'가 붙었다. 이 역시 불필요하다. 상식화, 흑자화, 급속화, 방송화, 노조화, 상용화 등이 그 예다. '화'도 되도록 생략하거나 풀어주는 게 좋다. 가령, '상식화'는 '상식이 된'으로, '흑자화'는 '흑자가 된'으로 바꿀 수 있다. 이 경우도 꼭 필요한 경우 최소한으로 사용하되, 그렇지 않을 때는 삼가야 한다.

앞의 말의 경우 이렇게 바꾸는 게 좋다.

"디지털 고객 성향을 파악했습니다."

간결하고 명확하게 말의 의미를 전달하고 싶은가? 그렇다면 말을 할 때 '적', '성', '화'를 무분별하게 사용하지 말아야 한다. 꼭 필요한 경우만 사용하자. 그리고 '성', '화'는 그 말을 생략하거나 풀어주자. 이렇게만 살짝 바꿨을 뿐인데도 당신의 말은 상대의 '과격'을 명중시킨다.

기술 3

전문 용어와 외국어, 지적 격차를 줄여라

A "지식 경영 시스템 도입이 매우 시급합니다."

B "우리 디자인 팀에서는 클라이언트의 새티스팩션을 위한 크리에이티브하면서도 글로벌한 콘셉트의 패션 아이템을 기획했습니다."

한 기업체의 프레젠테이션 심사를 할 때 접했던 말투다.

이 회사들은 그 분야에서 꽤 이름이 나 있으며, 나름 전문성을 갖추고 있었다. 외국 유학파들도 수두룩하게 근무하고 있다고 알려졌다. 그런데 이 회사의 발표를 심사하고 있으려니 머리에 쥐가 났다. 나름 기업체 프레젠테이션 심사를 많이 해왔기에 비즈니스 용어를 많이 알고 있었지만 심사를 진행하면 할수록 머리가 복잡해졌다.

결과 발표를 할 때 발표자에게 이런 이야기를 전해주었다.

"전문 용어와 외국어는 말이 간단하고 솔직하게 전해지는 것을 방해합니다. 그래서 사람들과의 소통을 가로막고 사람들이 당신을 이해하지 못하게 만듭니다."

나처럼 기업체에서 자주 프레젠테이션 심사를 해온 사람이라 해도 감을 잡기 어려운 용어를 사용하는 건 바람직하지 않다. 한 분야의 전문가 사이에서만 통용되는 전문 용어, 외국어(외래어)를 함부로 남발하면 듣는 이가 잘 이해할 수 없다. A의 경우, '지식 경영 시스템'이라는 전문 용어가 소통을 방해하고 있다. B의 경우, 한 문장에 무려 외국어(외래어 포함)가 여덟 개나 되어 이해하기 어렵다. 두 말투는 이렇게 바꿔야 한다.

A-1 "기업 내에 분산·축적되어 있는 지식과 지혜를 효과

적으로 활용하여 새로운 지식 창출에 도움이 되도록 하는 경영 시스템 도입이 매우 시급합니다."

B-1 "우리 디자인 팀에서는 고객 만족을 위한 독창적이면서도 세계적인 개념의 패션 제품을 기획했습니다."

A-1 말투의 경우, 전문 용어를 사용하되 그 말을 쉽게 풀이해주었다. 기업체에서 필수적으로 사용하는 핵심적인 전문 용어가 있기 마련이다. 이를 공개적으로 발표할 경우에는 이처럼 그 뜻을 풀이해주는 말을 보충해줘야 한다. 그래야 외부인도 그 의미를 새겨들을 수 있다.

B-1 말투의 경우, 꼭 필요한 외래어 '디자인', '패션'만 남겼다. 이게 너무 엄격하다 싶으면, '개념' 대신 '콘셉트' 정도는 그대로 살려도 무방하다. 이 말투의 경우 지나치게 외래어가 많은 게 문제였기에 최대한 외래어를 삼가야 한다는 점을 기억하자.

스마트폰을 구매하러 시내의 한 대리점에 들렀을 때다. 가게 안에 들어서자마자 뭔 말인지 통 이해가 안 되는 안내문이 눈에 들어왔다. 방송에서도 들어본 통신업계의 전문 용어들이었다.

'세계 최초 GIGA LTE 상용화!'

'최대 1,17Gbps의 속도로 5G 세상 정복!

원래 기계치인 나는 그런 용어들을 보자마자 기가 팍 죽었다. 신제품을 사보려고 가게에 들어왔던 나는 그 용어에 대해 모르는 티가 날까 봐 신경이 쓰였다. 더욱이 친절하게 나를 응대했던 직원도 예외가 되지 않았다. 직원은 마냥 미소를 띠고 자세하게 소개했지만 이런 식이었다.

"기기 변경을 하시겠습니까?"

"번호 변경을 하시겠습니까?"

기기 변경은 통신사를 그대로 하면서 스마트폰만 바꾸는 걸 말한다. 그리고 번호 번경은 스마트폰을 사면서 번호는 원래대로 쓰고 통신사만 바꾸는 걸 말한다. 그런데 자기네들이 쓰는 전문 용어를 그대로 남발하니 나는 당황할 수밖에 없었다. 구매 욕구가 움츠러들 지경이었다. 만약, 그 직원이 쉽게 이해할 수 있게 설명을 했다면 아마 더 많은 고객이 스마트폰을 구매하지 않았을까?

전문 용어와 외국어(외래어)는 내부 직원을 상대로 말할 때는 사용해도 무방하다. 하지만 이 경우에도 지나치게 많이 남발하는 건 문제가 되니, 필요한 만큼만 사용해야 한다. 특

히 고객을 상대로 영업을 하거나, 공개적인 발표를 할 경우에
는 전문 용어와 외국어 사용을 더욱 제한해야 한다. 낯선 용
어가 무슨 말인지 모르는 상대는 당신을 무례한 사람, 거만한
사람으로 볼 수 있기 때문이다. 이렇게 되면 핵심 전달은 허
사가 되고 만다.

기술 4

비교 하나로 핵심이 우뚝 살아난다

핵심 메시지를 전달하려면 해당 콘텐츠 소개에만 머물면 안 된다. 가령, 키가 큰 사람이 자기소개를 하며 키 수치만 내세우거나, 직장인이 기획안을 발표하며 장점 소개에 그치는 것처럼 말이다. 기업이 제품을 홍보할 때도 마찬가지다. 자기 제품이 이런저런 점에서 우수하다고 말하는 것에 그치면 안 된다. 이런 식으로 말하면 듣는 이가 자극을 받지 못한다.

듣는 이에게 강렬하게 어필하려면 별도의 말하기 요령이 필요하다. 이때 필요한 게 '비교', 즉 다른 대상과 견주는 방법이다. **말하는 대상의 장점을 아무리 나열해도 상대에게 잘 먹히지 않는 경우가 많다. 이때 다른 대상과 '비교'를 하면 듣는 이가 금방 고개를 끄덕인다.**

나는 프레젠테이션을 진행할 때 비교를 자주 활용한다. 제품이나 프로젝트의 우수성을 소개할 때 절대 그 대상의 장점만 나열하는 것에서 그치지 않는다. 과감하게 경쟁사 제품과 해당 제품을 옆에 대놓고 비교를 한다. 그러곤 말한다.

"우리 제품과 B사 제품을 비교하면 확연히 아실 수 있을 거예요."

"우리 프로젝트와 경쟁사의 프로젝트를 비교하면 판단하기 쉬울 겁니다."

비교를 잘 활용해 핵심 메시지 전달에 성공한 광고가 LG 노트북 '그램'이다. LG는 노트북의 가벼운 무게를 강조하기 위해 실제 종이로 만든 노트북과 비교했다. 실제로 한 장인이 부품 하나하나를 다 만들어서 종이 노트북을 완성했다. 그런 후, 실제 노트북과 종이 노트북을 저울에 달았다. 그러자 놀랍게도 저울이 종이 노트북 쪽으로 기울어졌다. 이 장면 하나로 매우 가벼운 노트북이라는 핵심 메시지를 효과적으로 전달해냈다. 시청자들은 이 장면에서 한눈에 반해버렸다.

'종이보다 가벼운 노트북이구나.'

이렇게 생각하면서 말이다. 이 노트북은 980그램이다. 수치만으로도 1킬로그램이 되지 않기에 가볍다는 걸 알 수 있다. 만약 이 수치만 내세워 가볍다고 했다면 어땠을까? 시청자들이 큰 자극을 받지 못할 게 뻔하다.

능력 있는 쇼호스트일수록 '비교'를 적극적으로 활용해 제품을 소개한다. 작은 크기의 전자제품을 소개할 때 그 제품 옆에 백 원짜리 동전 하나를 옆에 갖다 놓는다. 그러고 나서 말한다.
"백 원 동전보다 작습니다."

마스크 팩을 소개할 때는 마스크 팩을 사용하기 전과 후의 사진을 내놓고 나서 이렇게 말한다.
"마스크 팩 사용하기 전과 사용 후의 사진을 비교해보시면 금방 효과를 아실 수 있을 거예요."

따라서 자기주장을 펴거나, 제품을 소개하고 발표를 할 때 '비교'를 사용하면 핵심이 잘 전달된다. 키 큰 사람이 키가 크다는 점을 강조할 때는 이렇게 말하면 된다.

"한국인 평균 키 174센티보다 13센티 큽니다."

이렇게 하면 일반적인 한국인 키보다 어느 정도 큰 키인지가 확연히 드러난다. 사람들은 막연히 다른 사람을 보고 키가 크다 작다 할 뿐 구체적으로 어느 정도 큰지, 작은지를 피부로 느끼지 못한다. 비교를 해놓으면 큰 키가 확 와닿는다.

직장인이 기획안을 내놓을 때도 이렇게 말하는 게 좋다.

"제 기획안을 작년에 큰 성과를 낸 다른 프로젝트의 기획안과 비교하겠습니다."

작년에 성과를 낸 기획안과 비교를 하면 듣는 이들이 왜 이 기획안이 더 좋은지를 단박에 체감할 수 있다. 기업체에서 신제품을 홍보할 때도 마찬가지다. 과감하게 비교 대상을 신제품 옆에 대라. 그러고 나서 한마디로 끝내라.

"이 제품과 비교하니까 잘 아시겠죠?"

한눈에 비교를 한 고객들은 신제품의 장점에 매료가 될 수밖에 없다.

**똑똑한
대화
꿀팁**

(3)

100억대 투자를 받은 봉 감독의 한마디

"한강에서 이런 괴물이 튀어나오는 겁니다."

어느 감독이 영화 제작사 대표에게 한 장짜리 제안서를
보여주며 한 말이다. 거기에는 한강을 배경으로 한 거대한 괴
물의 합성사진이 있었다. 그걸 유심히 들여다 본 제작사 대
표는 그 자리에서 영화에 100억대 투자를 결정했다. 이렇게

해서 천만 관객이 관람한 봉준호 감독의 영화 〈괴물〉이 세상에 나올 수 있었다.

당시 봉준호 감독은 전작의 흥행 참패로 의기소침해 있었다. 그러다 문득 어릴 때부터 품어왔던 꿈을 떠올렸다. 바로 한강에서 괴수가 등장하는 영화를 만들어보고 싶다는 것. 꿈을 실현시키기 위해서는 영화 제작사의 투자가 누구보다 절실했다. 하지만 한국 영화에서 익숙하지 않은 괴수 장르였기에 자칫 한 푼의 투자도 못 받을 수 있었다.

그는 확신을 갖고 자신이 구상한 핵심 콘셉트를 이미지화하여 투자자에게 보여주었다. 백 마디의 구구절절한 설명이 아닌, '한 장'짜리 괴물 합성사진으로 말이다. 그러자 제작사 대표는 그 강렬한 시각 이미지에 단박에 설득당하고 말았다.

전설적인 기업인 정주영 회장이 조선소를 건설할 때도 비슷한 상황이 있었다. 1970년대 초 당시에는 국내에 건설 자금이며 기술력이 전무했다. 이때 정주영 회장은 차관을 받기 위해 영국으로 건너가 A&P 애플도어의 롱바톰 회장을 만난다. 하지만 회장은 아시아 변두리에서 온 낯선 기업인의 요청에 시큰둥한 반응을 보였다.

이때 정주영 회장은 한마디로 회심의 일격을 가했다. 그는 오백 원짜리 지폐의 거북선 그림을 보여주면서 이렇게 말했다.

"우리나라는 영국보다 300년 앞선 1500년대에 이미 철갑선을 만들어 외세를 물리쳤습니다. 한국의 잠재력은 충분하다고 봅니다."

그러자 한참을 지폐를 들고 바라보던 롱바톰 회장은 마침내 차관을 승인해주었다.

이 두 일화가 가르쳐주는 것은 '이미지의 힘'이다. 시각 이미지가 말의 부수적인 역할을 한다는 생각은 크나큰 오해다. 잘 만들어진 한 개의 시각 이미지는 그 어떤 연설문보다 강력한 위력을 발휘한다. 루즈 슈워츠의 '감각의 인식 비율'에 따르면, 미각이 3퍼센트, 후각이 3퍼센트, 청각이 13퍼센트, 시각이 78퍼센트로 '시각'이 압도적으로 인식의 우위를 차지한다. 실제로 지식 습득의 약 80퍼센트는 시각 정보에 의해 이루어진다.

말로 전해진 메시지는 들은 후 3시간이 지나면 70퍼센트만 기억되고 3일 지나면 10퍼센트만 기억된다. 이에 비해 시각 메시지는 본 후 3시간이 지나면 72퍼센트 기억되고, 3일

뒤에 35퍼센트가 기억된다. 여기에 말로 전해진 청각 메시지와 시각 메시지가 합쳐졌을 때는 큰 시너지 효과를 낸다. 3시간이 지나면 85퍼센트가, 3일 뒤에는 65퍼센트가 기억된다.

창의적 교수법의 창시자 밥 파이크는 강사의 22가지 치명적인 실수 가운데 하나를 시각 교재의 미숙한 사용이라고 보았다. 시각 교재가 강의의 흥미와 집중을 배가하는 역할을 하기 때문이다. 그 자신 또한 시각 자료를 잘 활용하는 것으로 유명하다.

그는 프레젠테이션을 할 때면 유아용 신발 한 짝을 들고 다녔다. 그 신발 한 짝을 발표 단상 위 눈에 잘 띄는 곳에 걸어놓고는 프레젠테이션이 끝날 때까지 그대로 두었다. 그는 이유를 이렇게 말했다.

"신발을 걸어놓는 것은 학습이 아기가 걸음마를 배우는 행동과 유사하다는 점을 상기시키기 위해서입니다."

참여자 중심의 교육을 강조했던 그는 유아용 신발을 걸어둠으로써, 청중의 시선을 사로잡아 자신의 발표에 대한 집중도를 높이려고 했다. 이는 청중 입장이 되어 보면 그 효과를 금방 알 수 있다. 청중은 단상 위에 걸려 있는 유아용 신발 한 짝에 시선이 쏠리게 되고, 내내 궁금증을 갖게 된다.

단도직입적으로 상대에게 핵심을 전달하기 위해서 시각 이미지는 선택이 아닌 필수다. 다음 다섯 가지 시각 이미지의 장점을 잊지 말자. 그리고 누군가에게 말을 할 때, 시각 이미지를 사용함으로써 이 모든 장점을 다 누려보기 바란다.

강력한 전달 효과

정보와 지식은 시각으로 전달할 때 그 효과가 배가된다. 사람은 시각이 특히 예민하기 때문이다. 인기 강사, 명프레젠터의 비결이 여기에 있다. 그들은 적재적소에 시각 자료를 잘 선보임으로써 전달력을 최고로 끌어올린다.

집중력을 높이는 효과

말이 오래 이어지면 자칫 지루함을 줄 수 있다. 반면에 말을 하는 도중에 산뜻한 이미지 하나를 제시하면 흥미를 유발하여 몰입하게 만든다. 상대의 귀에만 매달리지 말고 상대의 눈에 초점을 맞춰 적절한 시각 자료를 제시하면 상대는 시종 눈을 반짝거린다.

이해도를 높이는 효과

백 마디의 말로 아무리 설명을 하려고 해도 힘든 경우가 있다. 이때 말을 대신하는 이미지를 내세워라. 일목요연하게 잘 정리된 이미지가 이해력을 높여준다. 백문이 불여일견이라고 하지 않는가?

확실한 설득 효과

누군가를 설득시키고자 한다면 반드시 이미지 자료를 갖추어야 한다. 타고난 협상가들은 하나같이 설득을 위한 시각 자료 하나를 만들기 위해 각고의 노력을 기울인다. 잘 만들어진 시각 이미지를 통해 그 누구도 내 편으로 만들 수 있다.

기억력을 높이는 효과

사람은 하루에만 수많은 정보와 지식을 습득한다. 이런 가운데 무수히 많은 정보와 지식이 망각의 수순을 밟는다. 이것이 자연의 순리다. 그런데 시간을 거슬러 오랫동안 생생하게 기억되기 위해서는 시각 이미지를 활용해야 한다. 사람은 시각으로 받아들인 정보와 지식을 오래 기억한다.

4부

더 '빨리' 더 '잘'
꽂히는 말은
따로 있다

소심해도, 울렁증이 있어도
단박에 OK를 얻는 테크닉

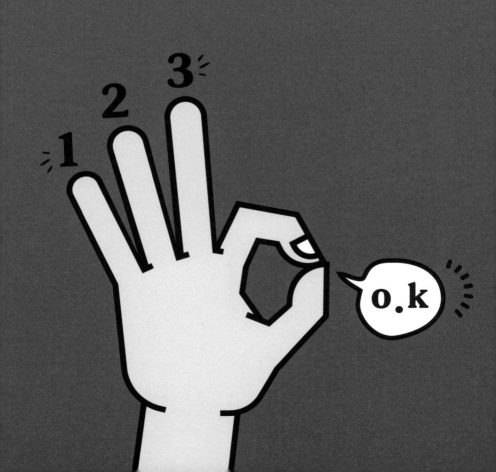

강렬한 한마디로
첫 15초를
사로잡아라

"저는 말을 잘하지 못하는데 오늘 여러분 앞에서 발표를 하려니 너무 떨리네요…"

"음… 제가 말씀드리고자 하는 것은 …에 … 그러니까 저 말이죠…"

누군가의 발표를 들을 때 종종 접하게 되는 상황이다. 단

언컨대 이는 완전히 잘못된 말하기 도입부 유형이다. 전자는 자신이 말을 잘 못 한다고 밝히는 걸 겸손으로 착각했다. 발표를 듣는 청중은 겸손한 사람이 아닌 당당하게 발표하는 사람을 기대한다. 그런데 소극적으로 말을 잘 못 한다고 선전포고하는 건 청중들에게 부정적 인상을 심어주게 된다. 대부분 그 사람의 말은 대단하지 않다고 판단해버리고 집중하지 않게 된다.

후자도 그렇다. '음, 음, 어, 저, 에…' 대화 사이에 들어가는 이런 불필요하고 의미 없는 말을 허사라고 한다. 어느 정도 말을 잘한다고 하는 사람도 이 허사를 완전히 버리지 못하는 게 현실이다. 그런데 말하기를 잘 숙련하지 못한 사람의 경우는 허사를 심하게 남발한다. 이런 소리는 듣는 사람의 짜증을 불러일으키며, 집중력을 저하시킬 뿐이다.

말하기에서 첫 15초는 전체 시간의 성패를 좌지우지한다. 그만큼 중요한 시간이다. 이 시간을 허무하게 점수를 깎아먹고 시작한다면 그 사람의 말에는 아무도 관심을 기울이지 않게 된다. 첫 15초를 잘 시작하면, 나머지 시간까지도 청중의 관심을 이끌어낼 수 있다.

영화감독 히치콕은 말했다.

"영화가 줄 수 있는 재미와 감동은 바로 '첫 장면'에서 결정된다."

말하기도 마찬가지다. 짧은 시간에 핵심을 효과적으로 말하기 위해서는 더더욱 그렇다. 첫 15초를 통해, 상대를 내 편으로 끌어안아야 한다. 이렇게 하기 위해선 철저한 준비만이 최선이다. 내 경우 누군가와 대화를 하거나, 강의를 할 때 첫마디를 절대 아무렇게나 꺼내지 않는다. '임팩트 있는 첫마디 여섯 가지'를 준비해두고 상황과 상대에 맞게 사용한다. 그래서인지 나와 대화를 나누거나 강의를 들은 사람들은 이구동성으로 이렇게 말한다.

"첫마디를 듣는 순간 선생님의 이야기에 쏙 빨려들어 갔어요."

"다른 강의에는 집중을 잘 못하는 편인데 신기하게도 선생님이 강의를 할 때는 첫마디부터 제 관심을 잡아끌더라고요. 그래서 시간 가는 줄 모르고 재밌게 강의를 들었답니다."

누군가의 말이 지루해지는 건 본론이 결정하지 않는다. 첫 15초에서 결정된다. 따라서 말하기의 도입부를 아무런 준비 없이 무성의하게 하면 안 된다. 첫 15초 내에 상대가 흥미

진지하게 귀 기울이게 하려면 임팩트 있게 첫마디를 해야 한다. 다음은 임팩트 있는 첫마디를 하는 여섯 가지 방법이다. 주의 깊게 살펴보자.

첫째, 질문을 던져라.

의외로 질문의 효과를 모르는 사람이 많다. 질문은 그야말로 기습적인 효과를 낸다. 설마 처음부터 상대가 질문할 거라고는 예상하지 못하니까 말이다. 서두에 이런 질문을 하면 상대의 집중력을 끌어올릴 수 있어 좋다.

"재밌는 퀴즈 하나 내보겠습니다. 맞혀보시겠어요?"

둘째, 개인적인 경험을 이야기하라.

먼 타인의 거창한 이야기보다 눈앞 상대의 개인적인 경험담이 더 가슴에 와닿는 법이다. 가령 경기가 어렵다는 말을 하려면, 신문에 난 통계 수치보다 다음과 같은 개인적인 경험을 들려주는 편이 낫다.

"여기로 오는 도중에 상점을 봤는데, 여러 곳이 문을 닫았더라고요. 가게 입구에는…"

셋째, 충격적인 사실을 제시하라.

누군가 이야기를 시작할 때 듣는 사람은 처음부터 집중할 자세가 되어 있지 않다. 그의 말에 관심이 생겨야 비로소 집중을 하게 된다. 따라서 듣는 이들에게 이런 충격 요법으로 관심을 이끄는 것이 좋다.

"이 사실을 모른다면 큰일 날지 모릅니다."

넷째, 예화로 시작하라.

책이나 TV를 통해서 접한 이야기를 들려주는 것도 좋다. 이야기 자체가 지루하지 않고 재밌기 때문이다. 우화도 좋고, 실제로 일어난 이야기도 좋다. 만약, 말의 힘에 대해 이야기를 한다면 이렇게 말할 수 있다.

"전설적인 복싱 영웅 무하마드 알리는 무명 선수 시절에 항상 '나는 최고가 될 거야. 나는 최고야'라고 외치고 다녔습니다. 매스컴은 그를 허풍쟁이로 여겼지만 그는 연이어 기라성 같은 선수들을 무너뜨렸지요. 전 세계 라이트헤비급 챔피언 아피 무어와의 경기에서도, 40연승을 달리던 헤비급 챔피언 조지 퍼먼과의 경기에서도 '이긴다'는 말이 실현되었지요. 그는 '내 승리의 반은 주먹이 아닌 말에 있었다'라고 말했습니다."

다섯째, 유명 인사의 말을 인용하라.

자신의 입장으로 시작하기보다는 유명 인사의 말로 시작하면 듣는 이의 귀가 번쩍 뜨이게 된다. 이름만 들어도 누구나 알 수 있는 유명 인사의 말 여러 개를 암기해두는 게 좋다. 그리고 상황에 따라 사용하자. 예를 들면 이렇다.

"날개 없는 선풍기를 만든 다이슨의 대표 다이슨은 '나는 사업을 하는 내내 실패자였고 부적응자였으나 결과적으로는 그게 내 경력의 장점으로 작용했다'고 말했습니다."

여섯째, 듣는 이를 띄워줘라.

칭찬을 싫어하는 사람은 없다. 말의 도입부에서 진심으로 상대를 칭찬하면 상대는 경청 모드에 돌입한다. 이렇게 말할 수 있다.

"한국 최고의 기업체 임원분에게 제 이야기를 할 수 있어서 영광입니다."

자기 경험담이 마음의 골든벨을 울린다

모 기업인 CEO 모임에 참가했을 때다. 모임이 시작되자, 한 사람씩 일어서서 자기소개를 했다. 다들 마이크를 잡으면 목에 힘을 주고 연설 톤으로 말을 했다. 대개 회사명과 주력 사업 분야, 규모, 실적 등을 홍보하는 식으로 나열했다. 식상하고 재미없는 말뿐이었다.

이때 한 사람이 눈에 들어왔다. 그는 목례를 하고 나서 1분여 동안 이렇게 말을 했다. 말투는 다소 어눌했다.

"저는 시골 벽지에서 농사꾼의 자식으로 자라났습니다. 가정 형편이 어려워 고등학교를 중퇴한 후 혈혈단신으로 상경해서 죽기 살기로 닥치는 대로 일을 했습니다. 신문팔이, 자장면 배달, 술집 서빙 등 안 해본 일이 없어요. 그러다 목돈을 마련해 독서실을 시작했는데 이게 잘되어 현재 300여 개의 독서실 체인점을 가지고 있습니다. 요즘은 가정 형편이 어려운 학생들에게 무료로 독서실을 개방하고 있습니다. 제 사업의 비전은 가정 형편이 어려운 학생들도 누구나 와서 공부할 수 있게 하여 자신의 꿈을 펼칠 수 있게 돕는 것입니다. 감사합니다."

이 말이 끝나자마자 역시나 즉각 반응이 나왔다. 주위의 기업인들 몇몇은 손뼉을 치기도 했다. 자신도 모르게 그 말에 감동이 되었기 때문이다. 그의 말투는 다른 기업인처럼 세련되지 않았다. 하지만 그의 말에는 청중을 잡아끄는 감동 요소가 있었다. 그는 자기 경험담을 들려줌으로써 주목받는 자기소개를 했다. 이는 다른 기업인들이 했던 기업 홍보식 자기소개보다 더 강력한 힘을 발휘했다.

'스토리의 힘'은 『스틱』에 나오는 스탠퍼드대 학생을 대상으로 한 실험에서도 입증되었다. 저자 댄 히스와 칩 히스는 학생 모두에게 미국의 범죄 패턴에 관한 자료를 제공했다. 그 다음 일부 학생에게는 비폭력 범죄가 심각한 문제라는 걸 주장하는 1분 스피치를 요청했으며, 나머지 학생에게는 비폭력 범죄가 심각한 문제가 아니라는 내용으로 1분 스피치를 하도록 요청했다.

그 이후 학생들에게 연설을 시켰고, 상대 그룹에게 그것을 평가하도록 했다. 그 결과 최고의 점수를 받은 학생은 정확한 발음과 억양을 구사한 학생들이었다. 중요한 실험은 그 다음에 이어졌다. 학생들에게 갑자기 10분 전에 상대편 학생이 한 연설 내용을 기억나는 대로 적도록 시켰다.

그러자 학생들이 많이 기억해내는 연설은 학생들이 자신의 주장을 스토리를 풀어낸 것으로 드러났다. 객관적인 자료, 통계를 들어 진행한 연설보다 스토리 연설을 더 많이 기억해냈다. 자료, 통계를 기억하는 학생이 5퍼센트에 불과했지만 스토리를 기억하는 학생은 무려 63퍼센트나 되었다. 저자는 이렇게 말했다.

"스티커 메시지계의 스타는 스토리를 활용하거나 감정을 두드린 학생들 또는 하나의 핵심에 초점을 맞춘 이들이었다."

스티커처럼 착 달라붙는 말의 비밀은 '스토리'에 있다는 말이다. 오바마 전 미국 대통령은 스티커 같은 '착 붙는' 스토리 연설로 유명하다. 그는 민주당 대통령 후보 수락 연설에서 자신의 부모 스토리를 들려주고 있다. 이를 통해 꿈을 이룰 수 있는 미국, 하나의 가족이라는 미국에 대한 강력한 메시지를 던진 것이다.

"4년 전, 저는 여러분 앞에서 케냐에서 온 젊은 남성과 캔자스에서 온 젊은 여성의 만남에 대한 이야기를 말씀드렸습니다. 그들은 부유하지도 유명하지도 않았지만, 미국에선 그들의 아들이 마음먹은 것은 무엇이든 이뤄낼 수 있을 거란 믿음을 함께 갖고 있었습니다. 언제나 미국을 돋보이게 만들어온 것은 이런 약속이었습니다. 열심히 일하고 견디면, 우리의 자녀들도 각자의 꿈을 이룰 수 있을 뿐 아니라, 여전히 하나의 미국이란 가족으로 함께할 수 있다는 확신을 만들어주기 위해서 말입니다…"

나 역시 스토리의 힘을 진작부터 알고 있기에 십분 활용하고 있다. 그래서 자신을 소개할 때는 객관적인 업적을 나열하기를 삼간다. 어느 모임이나 강의에서건 이렇게 소개한다.

"부산 출신의 저는 기찻길 근처의 허름한 다세대 주택에서 자라났습니다. 무엇 하나 잘하는 게 없는 아이로 성장했지만 고등학교 때 국어 선생님에게서 '목소리가 성우 같다'는 칭찬을 듣고 성우의 꿈을 키웠어요. 열심히 연습을 한 끝에 좋은 목소리로 방송, 행사 진행, 강의를 하게 되었습니다. 저를 불러주는 곳 어디에서든 항상 최선을 다했어요. 그 결과, 한국에서 손꼽히는 대화법 전문가가 될 수 있었어요. 기찻길 옆 오막살이 소녀가 지금의 제가 되었습니다."

그러면 듣는 분들이 다들 귀를 쫑긋 세운다. 잘나가는 유명 스타 강사라고만 알고 있던 사람에게 저런 경험담이 있었다니 하면서 진지한 표정을 짓는다. 그 결과로 많은 사람이 나를 이렇게 기억하고 있다.

'대화법 전문가가 된 기찻길 옆 오막살이 소녀.'

스토리의 종류는 매우 많다. 그 가운데 가장 강력한 힘을 발휘하는 스토리는 '자신의 경험담'이다. 이를 잘 준비해, 면접이나 발표, 기타 자신의 이야기를 각인시켜야 할 상황에서 사용하면 많은 주목을 받을 수 있다.

이때 주의해야 할 세 가지 사항이 있다. 먼저, 스토리가 자칫 늘어질 수 있으니 최대한 짧게 해야 한다. 그다음, 스토리에서 요령껏 핵심만 살려야 한다. 불필요한 디테일은 집중을 방해할 뿐이다. 마지막으로, 스토리는 감정에 호소하는 측면이 강하다. 따라서 내용에 따라 기쁜 스토리라면 기쁜 목소리로, 슬픈 스토리라면 슬픈 목소리로 톤의 변화를 주면 더욱더 효과적으로 전달된다.

방법 1

눈에 그려지듯
차근차근
연상하게 하라

효과적으로 말을 전달하는 테크닉에 대해 좀 더 설명해보 겠다. 똑같은 내용으로 말을 한다고 하자. 어떤 사람은 무감동 하게 말한다. 그래서 하나도 피부에 와닿는 게 없고 이야기가 막연하게 들린다. 듣다 보면 하품이 절로 나온다. 반면에 어떤 사람은 생동감 있게 말을 한다. 현장에 있는 것처럼 오감이 자 극이 되어, 가상현실을 체험하는 듯이 생생하게 피부에 와닿는다.

왜 이런 차이가 생기는 걸까? 동일한 내용인데도 왜 이렇게 큰 차이가 나는 걸까? 그 이유는 언어에 대한 감각이 다르기 때문이다. 무감동하게 말하는 사람은 언어에 대한 감각이 추상적인 반면, 생동감 있게 말하는 사람은 언어에 대한 감각이 구체적이다.

예를 들면 이렇다. 언어에 대한 감각이 추상적인 사람은 이렇게 말한다.

"저는 과일을 즐겨 먹으며 강아지를 기르고 있습니다."
"저는 성실한 사람입니다."
"저는 해외 연수 경험이 있습니다."

흔히 주변에서 들을 수 있는 표현들이다. 그만큼 세심하게 신경 쓴 말이라고 할 수 없다. 일상에서 그저 무심코 내뱉는 말들이다. 이런 말은 경쟁 무대에서 힘을 잃어버린다. 자기를 어필해야 하는 면접, 자기소개의 자리에서 그냥 묻혀버린다.

왜 그럴까? 그 이유는 말에 '생동감'이 없기 때문이다. 생동감은 말의 전달력을 높여주는 역할을 한다. 조화와 생화를 예로 들어보자. 겉보기에는 비슷해 보이지만 결정적으로 생동감 유무가 둘의 차이를 가른다. 조화는 칙칙하고 생동감이 없는 반면, 생화는 윤기가 반들반들하며 생동감이 넘친다. 그래서 사람들은 조화 속에서 생화를 가려내고 더 귀하게 여긴다.

말도 그렇다. 사람들은 생동감이 있는 말을 더 반기고 더 반응한다. 그렇다면 어떻게 말에 생동감을 불어넣을 수 있을까? 먼저 청자의 머릿속에 이미지가 떠오르도록 구체적으로 묘사를 해야 한다.

앞의 말을 언어에 대한 감각이 구체적인 사람의 표현으로 바꾸면 다음과 같다.

"저는 사과를 즐겨 먹으며 6개월 된 푸들을 기르고 있습니다."

"저는 중·고등학교 6년 동안 개근을 했습니다."

"저는 캐나다 B대학교에서 1년간 어학연수를 했습니다."

첫 번째 말의 경우, 과일과 강아지라는 '보통명사' 대신에 사과와 푸들이라는 '고유명사'로 바꿨다. 이렇게만 해도 훨씬 느낌이 살아난다. 일상에서는 보통명사를 많이 사용한다. 하지만 공식적인 자리에서는 고유명사를 사용하는 편이 훨씬 화자를 돋보이게 한다. 자가용 대신 벤츠 S 클래스, 운동 대신 요가, 음식 대신 스테이크로 말해야, 상대방의 머릿속에서 생생한 이미지가 살아난다. 그렇게 말의 전달력이 극대화된다.

두 번째 말의 경우 '구체화'를 했다. '성실하다'는 의미는 누구나 다 알고 있다. 하지만 그 말을 하는 사람이 어떻게 해서 성실한지 구체적으로 알 길이 없다. 말하는 사람만의 구체적인 성실함으로 피력해야 한다. 그래서 '중·고등학교 6년 동안 개근'이라는 말을 넣었다. 이 말을 들으면 성실하다고 알 수 있지 않겠는가?

세 번째 말도 '구체화'를 했다. 그저 '해외 연수 경험'이라고 말하면 어느 나라에서 어떤 연수를 얼마나 했는지 알 수 없기에 막연하게 들린다. 그래서 이 말은 '캐나다 B대학교에서 1년간 어학연수'로 고쳤다. 자, 얼마나 명확한가? 이 사람의 말에 대한 신뢰도가 더 높아지지 않는가? 이 사람의 어학연수 시절이 머릿속에 그려질 정도다.

비즈니스 현장에서도 그렇다. 보통명사와 추상 표현을 남발하면 상대의 가슴에 와닿지 않는다. 다음 두 가지 생동감 넘치는 슬로건을 살펴보자.

'마누라와 자식 빼고 다 바꿔라.'

'햇볕 정책.'

전자는 1993년 삼성의 이건희 회장이 대대적인 개혁을 해야 한다며 '신 경영'을 내세웠을 때 한 말이다. '마누라', '자식'이라는 소중한 살붙이 명사를 구체적으로 거론함으로써 피부에 와닿게 표현했다. 이는 '철저히 개혁하라'라는 추상적인 말과 비교해보면 얼마나 생동감 넘치는 말인지 알 수 있다. 듣는 당사자 입장에서는 매우 절박하게 와닿는다.

후자는 1998년 김대중 대통령이 런던대 연설에서 언급한 말이다. 이 정책은 풀이하면 '포용과 화해로 북한을 끌어안는 정책'이다. 딱딱하기 그지없다. 하지만 이솝우화에서 따온 햇볕이라는 고유명사를 차용하자 말의 뉘앙스가 놀랍게 변했다. 누구나 반겨 마다하지 않는 따뜻한 정책이라는 의미로 격상되면서 이 정책에 대한 신뢰도가 급격히 높아졌다.

말은 경험과 사물에 대한 감각을 타인에게 대신 전달해주는 수단이다. 화자의 경험과 사물을 가장 가깝게 표현하는 게 말의 역할이다. **따라서 상대의 가슴을 파고드는 말을 하려면 생동감 있게 표현해야 한다. 이때 필수적인 게 '고유명**

사' 사용하기와 '구체적'으로 표현하기다. 이런 말을 들은 상대는 머리가 아닌 신체의 오감으로 마치 현장에 있는 듯 생생하게 반응한다.

어휘 하나로 천국과 지옥을 오간다

"그동안 국민의 안전과 재난을 관리하는 기능이 여러 기관에 분산되어 있어서 신속하고 일사분란한 대응을 하지 못했습니다."

"정부는 국민의 안위를 심각하게 위협하는 이번 사태에 단호히 대응할 것입니다."

정부에서 내놓은 브리핑이다. 어딘가 이상하지 않은가? 이 두 브리핑을 곰곰이 뜯어보면, 정부조차 오류를 범하고 있다는 걸 알 수 있다. 과연 어떤 점이 잘못되었을까? 앞의 것에서는 '일사분란', 뒤의 것에서는 '안위'가 잘못되었다.

일사분란은 '일사불란(一絲不亂)'으로 해야 맞다. 그리고 안위(安危)는 그 뜻이 '안전과 위협'이기 때문에 이를 대신해 '안전'으로 하는 게 맞다. 아주 사소한 차이가 이렇듯 의미 자체를 뒤바꾸는 중대한 실수가 된다. 다른 곳도 아닌 정부에서 이런 실수가 일어난다면 일상과 비즈니스 현장에서는 어떨까? 많으면 많았지 절대 적지 않은 실수가 일어난다.

두 브리핑이 저지른 오류는 단어를 정확하게 사용하지 못했기에 발생했다. 이런 오류는 한자말을 사용할 때 자주 나타난다. 한자로 된 말의 경우 그 뜻을 정확하게 알고 있어야 적재적소에 잘 사용할 수 있다. 그런데 보통은 한자말의 정확한 뜻을 제대로 모르는 경우가 많다. 그래서 심심찮게 부정확한 말을 하는 상황이 생긴다.

실제 예를 들어보자.

"공항장애에 걸렸어요."
"주구장창 자기 고집만 부렸습니다."

"그의 성공 사례를 타산지석으로 삼자."

"나는 당신의 생사여탈권을 가지고 있습니다."

흔히 접하는 말들인데 모두 오류가 있다. 앞말의 경우, '공황장애'가 아니라 '공황장애'가 맞다. 다음 말의 경우, '주구장창'가 아니라 '주야장창'이 맞고, 그다음 말의 경우 타산지석은 '나쁜 사례에서 도움을 받는다'는 의미를 가지고 있기에 적절하게 사용하지 못했다. 바른 용례의 말을 만들어보면, '그의 실패 사례에서 타산지석으로 삼자'가 된다. 마지막 말의 경우, '생사여탈권'이 아니라 '생살여탈권'이 맞다.

이렇듯 말을 할 때 잘못 쓰이는 한자어가 수두룩하다. 이런 실수가 반복되면, 원만한 의사소통이 이루어지지 못한다. 오해와 불신, 불통이 불을 보듯 뻔하다. 대표적으로 자주 오류를 범하는 한자말로는 다음이 있다.

- 토사광란(×) → 토사곽란(○)
- 성대묘사(×) → 성대모사(○)
- 체면불구(×) → 체면불고(○)
- 일사분란(×) → 일사불란(○)
- 동거동락(×) → 동고동락(○)

이와 함께 부족한 어휘도 의사소통에 문제가 된다. 어린 아이는 생각을 표현하는 데에 한계가 있다. 어린아이는 사용할 수 있는 어휘가 제한되어 있을 뿐만 아니라 추상적인 어휘, 다양한 동의어를 알고 있지 못하다. 그 때문에 표현이 미숙하다.

이런 일이 성인에게도 생긴다. 어휘량이 풍부한 사람은 표현력이 좋아서 의사소통이 잘 되는 반면, 그렇지 못한 사람은 의사소통에 애를 먹는다. 우리나라 사람은 선진국에 비해 하루 평균 사용 어휘수가 적다. 남성은 하루 평균 2,000~4,000개 어휘를, 여성은 6,000~8,000개 어휘를 사용한다. 이 평균치에 자신이 미치지 못한다면 의사소통에 문제가 생길 수 있다는 점을 기억하자.

항상 '멋져요'라는 상투적인 말만 입에 달고 다니는 사람이 있다. 그 반면에 '매력적이네요', '매혹적이에요', '환상적이네요', '근사해요'라고 다양한 어휘를 구사하는 사람이 있다. 이 둘 중에 어느 사람이 더 역동적이고 생동감 있게 말을 하는가? 후자다. 전자는 매일 같은 옷만 입고 사람을 만난다면 후자는 매일 다른 스타일의 옷을 입고 사람을 만나는 것과 같다. 후자의 사람이 사람들로부터 이목을 끄는 게 당연하다.

뛰어난 프레젠터, 연설가들도 심심치 않게 한자말을 오용한다. 이와 함께 뻔한 어휘를 구태의연하게 반복하는 일도 자주 일어난다. 이렇게 되면, 아무리 전달하는 내용이 탁월하다고 해도 청자들로부터 신뢰와 호응을 얻기 힘들다. 정확하면서도 풍부한 어휘를 갖춰야 말의 핵심이 빛난다.

방법 3

긍정적인 틀로
단점을 살짝 감춰라

의사 A "이 수술을 받은 사람 100명 가운데 90명이 5년 후에도 살아 있습니다."

의사 B "이 수술을 받은 사람 100명 가운데 10명이 5년 내에 죽었습니다."

두 의사가 새로운 암 치료 수술법을 환자에게 권유하는

말이다. 두 의사가 전하는 수술법은 동일하지만 말투는 전혀 달랐다. 그 뉘앙스가 천지 차이다. A 의사의 말을 들은 환자는 반색하면서 자신도 그 수술을 하려고 할 게 당연하다. 그는 생각한다.

'무려 90퍼센트의 환자가 5년 후에도 생존하다니, 대단한 수술법이야.'

이에 반해 B 의사의 말을 들은 환자는 겁이 나서 그 수술을 받기를 거부할 것이다. 그는 이렇게 생각한다.

'무려 10명이나 5년 내에 죽었어? 꺼림칙해.'

동일한 수술법을 권유했는데 왜 이렇게 다른 결과가 나타날까? 이는 동일한 내용을 어떤 프레임에 놓고 바라보느냐에 따라 해석의 차이가 생기기 때문이다. 가령, 식탁 위에 물이 반 컵 채워진 유리컵이 있다고 하자. 이걸 어떤 프레임에서 보느냐에 따라 해석이 달라진다. 긍정 마인드의 소유자는 이렇게 생각한다.

'오호, 물이 반이나 채워져 있군.'

이에 반해 비관주의 마인드의 소유자는 이렇게 생각한다.

'저런 물이 반밖에 안 채워져 있네.'

이런 현상을 '프레이밍 효과(Framing effect)'라고 한다. 이는 1974년 어빙 고프먼이 『프레임 분석』에서 제시했다. 어떤 사안을 제시하는 틀에 따라 사람의 의사결정과 해석이 달라지는 현상을 말한다. 프레임은 심리학에서 사물을 바라보는 '생각의 틀'을 의미하는데 생각의 틀에 따라 사물에 대한 해석과 판단이 달라진다.

이 효과와 관련된 흥미로운 실험이 있다. 한 연구진은 피실험자에게 이렇게 말했다.

"미국에서는 아직 희귀한 아시아의 질병이지만, 발병한다면 600명이 죽게 될 것으로 예상됩니다. 이에 대처하기 위한 다음과 같은 두 가지 방법이 있습니다. 이 방법 중 선호하는 것을 선택하세요."

첫 번째 피실험자에게 이런 문구가 제시되었다.

프로그램 A 200명을 구할 수 있다.
프로그램 B 600명 중 33퍼센트의 확률로 모두를 구할 수 있다. 하지만 67퍼센트의 확률로 아무도 구할 수 없을 수도 있다.

그 결과, 72퍼센트의 응답자가 A를 선호한 반면, 28퍼센트만이 B를 선호했다. 두 번째 피실험자에게는 이런 문구가 제시되었다.

프로그램 C 400명이 죽을 것이다.

프로그램 D 33퍼센트의 확률로 아무도 죽지 않을 것이고 67퍼센트의 확률로 모두 죽을 것이다.

그 결과, 78퍼센트의 응답자가 D를 선호한 반면 22퍼센트는 C를 선호했다. 이 결과가 말하는 것은 똑같은 내용일지라도 그것을 어떤 틀로 표현하느냐가 중요하는 점이다. **핵심을 말할 때, 긍정적인 틀로 자기 메시지를 포장하는 게 바람직하다.**

누군가에게 전달하는 메시지의 내용에는 긍정적인 요소와 함께 부정적인 요소가 있기 마련이다. 가령 어떤 프로젝트를 추진하자고 할 때도 성공률과 함께 실패율이 존재하며, 신상품을 홍보할 때도 제품의 우수성과 함께 극복해야 할 단점이 있다. 그렇기에 프레이밍 효과를 활용해 객관적인 사실에 근거하면서도, 긍정적인 면을 더 부각시키는 노력이 필요하다.

어느 프로젝트를 추진하려고 하는데 성공률이 60퍼센트, 실패율이 40퍼센트라면 이렇게 말하자.

"이 프로젝트는 성공률이 60퍼센트나 됩니다."

신제품에 우수성 못지않은 단점이 있다면 이렇게 말하자.

"이 제품은 그 어느 제품에 못지않게 우수한 성능을 가지고 있어요."

만년 2등 회사를 홍보하려고 한다면 이렇게 말하자.

"우리는 2등입니다. 그래서 더 열심히 뛰고 있습니다."

방법 4

얼굴은 잊어도 명언은 기억한다

　나는 전국을 무대로 1년 내내 강연을 한다. 한번 강연을 듣는 사람 수는 최소 수십 명에서 수백 명에 이른다. 여기에 기업인 모임에도 초청되어 특강을 한다. 그렇기에 강의 준비에 많은 시간을 할애한다. 아무리 내가 입담이 좋고, 우수한 강의 콘텐츠를 가지고 있어도 다른 곳에 써먹은 내용을 앵무새처럼 되풀이하면 청중의 반응이 냉담해진다.

그래서 매번 강연을 대비하여 새롭게 눈에 띄는 명언이나 속담, 격언 등을 메모해둔다. 방송에서 유명 인사나 연예인이 한 말 그리고 신문, 책에서 접한 인상적인 말을 주로 스마트폰의 메모 어플에 저장해둔다. 사실 명언집도 서너 권 가지고 있다. 다만 책에 수록된 명언들은 진부한 것이 많다. 그래서 꼭 필요한 내용만 명언집에서 사용하고 그 외에는 직접 찾은 명언들을 강연에서 쓴다.

요즘 가장 즐겨 사용하는 명언은 이것이다.

"힘들 때 우는 건 삼류다. 힘들 때 참는 건 이류다. 힘들 때 웃는 건 일류다."

방송인 이상민이 한 말로 윌리엄 셰익스피어의 명언을 인용한 것이다. 엄청난 채무를 갚아나가는 그의 입에서 나왔기에 이 명언의 울림은 각별하다. 특히 많은 사람이 경제적 어려움을 겪고 있기에 더욱 그렇다.

똑같은 내용으로 강연을 하더라도 명언을 사용하는 것과 그렇지 않은 것의 차이는 천지 차이다. 명언 인용이 없이 자기 말만 하면 자칫 지루해질 수 있다. 이와 함께 핵심이 뚜렷하게 각인되지 못할 수 있다. 하지만 잘 인용된 명언은 전달하는 말에 감동을 실어주며, 핵심을 돋보이게 한다. 그렇기에 시간이 흘러도 대중이 기억하는 세계적인 연설 속에는 반드시 명언이 있다.

- "국민을 위한 국민에 의한, 국민의 정부."
  - 에이브러햄 링컨, 케티즈버그 추모식 연설 중

- "조국이 당신을 위하여 무엇을 해줄 것인지 묻지 말고, 여러분이 조국을 위해 무엇을 할 수 있는지 물어라."
  - 존 케네디, 대통령 취임 연설 중

- "노병은 결코 죽지 않는다. 다만 사라질 뿐이다."
  - 더글라스 맥아더, 퇴임 연설 중

- "항상 갈망하라, 우직하게 나아가라."
  - 스티브 잡스, 스탠포드대 졸업식 연설 중

링컨 대통령의 유명한 말은 파커 목사의 설교집 『미국의 이상』에서 인용한 것이다. 케네디 대통령과 맥아더 장군의 말은 각각 하딩 대통령 연설집, 옛 영국 군가에서 인용되었다. 스티브 잡스의 말은 자신의 연설에서 『스튜어트와 편집 팀의 지구백과』라고 인용 출처를 밝혔다. 이렇듯 뛰어난 연설에는 명언이 필수적으로 활용되었으며, 이를 통해 현장의 청중들에게 강렬하게 핵심을 돋보이게 만들었다. 이와 함께 시간이 흐른 후에도 오롯이 명구절 하나가 살아남아 핵심 메시지를 끝까지 전달해낸다.

이를 힌트 삼아 회의나 발표 그리고 자기소개 등 **능력 어필이 필요한 상황에서 명언을 활용하면 큰 효과를 볼 수 있다.** 다른 사람들이 모두 자기 말만 늘어놓고 끝내는데 당신만 유독 톡톡 튀는 명언 한 구절을 인용했다고 하자. 그 자리에서 군계일학이 될 사람은 당신이다. 다른 사람은 요점을 밋밋하게 전달하지만 당신은 명언으로 요점을 눈에 확 띄게 전달했기 때문이다. 말의 도입부나 결론부에 요점을 부각시키는 명언을 새겨넣도록 하자.

부정적 표현으로 원하는 것을 얻는 초강수

시중에 나와 있는 대부분의 대화법 책에서는 긍정적인 말의 효과를 강조한다. 긍정 표현은 곧 긍정 마인드를 전제하고 있다. 매사에 긍정적인 사고로 긍정적으로 생활하면 저절로 긍정적인 말이 나온다는 것이다. 그래서 부정적인 표현은 삼가는 게 원칙이 되다시피 했다.

하지만 꼭 그런 것만도 아니다. 때때로 부정적인 표현

이 더 강한 긍정을 나타내기도 한다. 부정적인 표현에는 '안', '못', '말다', '아니다' 같은 부정어를 사용하는 말과 반감, 혐오, 공포를 나타내는 말이 쓰인다. 부정적인 말이 대표적이다.

김소월의 '진달래꽃'의 한 구절 '죽어도 아니 눈물 흘리오리다'의 경우, 슬프지 않아서가 아니라 매우 슬프기 때문에 나온 부정 표현이다. 그냥 눈물을 흘리겠다는 것보다 더 강한 울림이 오지 않는가? 대화에서도 이런 부정 표현이 상대에게 회심의 한 방을 먹일 수 있다.

광고계에서는 이를 일컬어 '네거티브 어프로치(negative approach)'라고 한다. 일명 '부정의 광고'라고 하는데 부정을 통해 강한 긍정을 이끌어내는 기법을 말한다. 광고계에서도 긍정 표현이 상식이지만 **의외로 부정 표현을 통해 더 강한 긍정을 이끌어내는 경우가 있다.** 예를 살펴보자.

- 이 아이를 기억하지 마세요.
- 약은 아닙니다. 백세주는 좋은 술입니다.
- SM3 1600cc 출시 반대합니다.

세 개의 광고 카피는 부정 표현으로 되어 있다. 만약 긍정 표현으로 되었다면 한번 스쳐가듯 보는 것으로 끝난다. 하지만 부정 표현의 문구를 접하면 사람들은 '뭐지?' 하면서 신경을 곤두세우게 된다. 그래서 다시금 문구를 주의 깊게 들여다보게 된다. 이 과정에서 머릿속에서 쉽게 지워지지 않게 각인되는 효과가 생긴다.

맨 앞의 카피는 2012년 12월 베스트 크리에이티브 광고로 선정된 초록우산 어린이재단의 광고다. 이 문구는 기아에 허덕이는 아프리카 아이들의 사진과 함께 나와 있다. 사람들은 당연히 아이들을 도와줘야 한다고 생각한다. 그런데 반어적으로 기억하지 말라고 함으로써 더더욱 도와달라는 긍정 메시지에 힘을 실어주었다.

다음 카피는 백세주의 광고다. 백세주는 그 어느 술보다 약재 성분이 강하다. 그럼에도 불구하고 과감하게 약이 아니라고 부정적 표현을 썼다. 그렇다고 해서 약재 성분이 들어있는 백세주의 가치가 떨어지는 것은 아니다. 오히려 백세주가 약만큼 몸에 좋은 성분이 들어 있다는 긍정적 의미를 더 강하게 전달해준다.

마지막 카피는 르노삼성자동차가 준중형급 자동차 SM3를 출시할 때 내놓은 광고다. 이 문구는 SM3의 뛰어난 파워와 가속력, 우수한 연비와 승차감 등의 장점 때문에 과속을 단속하는 경찰, 주유소 직원, 항공사 승무원들이 곤란할 수 있다는 가정에서 나왔다. 그래서 출시를 반대한다는 부정 표현 한 줄이 등장했다. 이 부정 표현을 통해, 사람들은 '대단한 차가 나왔나 보네'라고 생각하게 된다. 더 강력한 긍정 메시지를 전달한 셈이다. 실제 광고 효과가 어땠을까? 이 광고가 나간 두 달 사이에 전월 대비 36퍼센트의 매출 증가가 나타났다.

부정적 표현의 효과는 '칼리굴라 효과(Caligula effect)', 즉 청개구리 심리를 통해 입증할 수 있다. 1979년 미국에서 칼리굴라 황제의 생애를 그린 영화 〈칼리굴라〉가 상영되었을 때, 보스턴에서는 이 영화의 지나치게 잔혹한 성적 묘사 때문에 상영을 금지했다. 그런데 오히려 이 금지 명령이 관객의 호기심을 부추겨 보스턴 시민들이 다른 도시에 가서 영화를 관람하는 사태가 생겼다.

이러한 부정적 표현은 카피는 물론 대화법에서도 강력한 효과를 발휘한다. 대다수의 사람들은 긍정 표현의 메시지를 다듬는 데에 혈안이 되어 있다. 이때 대담하게 부정적 표현을 사용하면 원하는 핵심 메시지를 상대에게 각인시킬 수 있다.

제안서를 강력하게 어필하고 싶다면 이렇게 말하자.
"제 제안서를 보지 않아도 좋습니다. 너무 잘돼서 일이 많아질 것 같네요."

회사의 식품이 건강에 안전함을 피력하고자 한다면 이렇게 말하자.

"만약 우리 제품이 안전하지 않다면, 모유도 안전하지 않습니다."

회사의 프로젝트를 적극 찬성한다면 이렇게 말하자.

"반대합니다. 이번 프로젝트가 대성공을 거두어 저희가 자만해질 것 같아서요."

똑똑한
대화
꿀팁

(4)

말하지 않고 이기는 법

말을 잘한다는 건 많은 말을 하는 게 아니다. 꼭 필요한 말만 살리고 간결하게 말하는 것이야말로 정말 말을 잘하는 것이다. 그래서 핵심에 초점을 맞추어 최소한의 말을 하는 게 중요하다. 실제로 말의 달인은 군더더기 없이 단 몇 마디로 할 말을 다 한다. 더 이상의 말이 필요하지 않다.

그런데 최소한의 말조차 필요하지 않은 경지가 있다. 단

한 마디도 하지 않음으로써 메시지를 온전히 전달하며, 말보다 더 몇 배의 위력을 발휘하는 경우가 있다. 그래서 '말은 은이고 침묵은 금이다'라는 명언이 나왔다. 보통 사람은 이 경지를 잘 체감할 수 없다.

강의와 스피치 컨설팅에서 침묵의 힘을 강조할 때 이 말을 인용한다.

"백번 싸워 백번 이기는 것이 최선이 아니며, 싸우지 않고 적을 굴복시키는 용병이 최선이다."

『손자병법』에 나오는 말이다. 병법에 나온 말이기 때문에 겉만 번드르르하지 않고 알맹이가 가득 차 있다. 실용성이 높다는 말이다. 수많은 인명과 국가의 운명이 병법 하나에 좌지우지되기에 병법은 그 무엇보다 실천적이며 과학적이다. 이 동서고금에서 가장 탁월한 병법서가 싸워서 백전백승하는 것보다 '싸우지 않고 이기는 게 최선'이라고 말하지 않는가?

일단 한번 전쟁을 하게 되면 아군의 손실이 불가피하다. 따라서 아군이 전혀 손실을 입지 않고 전쟁에서 승리하는 게 최선이 될 수밖에 없다.

말에서도 마찬가지다. 아무리 탁월한 연설가, 프레젠터, 영업 사원도 수없이 말을 하다 보면 부득이하게 불필요한 말을 하게 된다. 상대에게 허점을 노출하게 되고 이로써 해를 입게 된다. 그 결과 핵심 메시지 전달에 실패하게 된다. 따라서 필요 이상의 말이 나올 때쯤엔 과감하게 말을 중단하는 게 좋다. 침묵으로써 상대에게 원하는 메시지를 강력하게 전달할 수 있다. 이렇게 해서 다음처럼 '대화병법'의 병법 하나가 도출된다.

"말을 해서 이기는 것은 최선이 아니며, 말을 하지 않고 적을 굴복시키는 대화법이 최선이다."

이는 세계적인 연설가 버락 오바바가 잘 입증한다. 2011년 미국 애리조나 주 투산에서 총기 난사 희생자의 추모식이 열렸다. 이곳에서 버락 오바마 전 미국 대통령이 연설을 했다. 시종 내내 침통한 표정으로 연설을 이어가던 그가 다음 두 구절을 끝으로 침묵을 지켰다.

"나는 미국의 민주주의가 크리스티나가 꿈꾸는 것과 같았으면 좋겠다고 생각합니다. 우리 모두는 어린이들이 바라는 나라를 만들기 위해 최선을 다해야 합니다….”

말을 마친 그는 10초간 침묵한 후 오른쪽을 쳐다본 뒤 10초 후 심호흡을 했다. 그러곤 31초 후 눈을 천천히 깜빡였다. 무려 51초 동안 침묵이 흘렀다. 그러자 장내에는 애도의 감정이 끓어올랐다. 버락 오바마는 언어로 표현할 수 없는 극도의 침통함을 침묵으로 잘 전달해냈다. 이 연설에 대해, AFP 통신은 이렇게 호평을 했다.

“취임 후 연설에서 주로 정책에 초점을 맞춰온 오바마가 이번에는 전 국민과 감정적 소통을 이뤄냈다. 재임 2년 중 가장 극적인 순간의 하나로 기억될 것이다.”

직장과 일상에서 싸우지 않고 이길 수 있는 침묵의 종류는 다섯 가지다. 다음 다섯 가지를 품속에 숨겨두고 다니면서, 적재적소에 사용하자. 설령 완강한 상대를 맞닥뜨렸을 경우에도 이 대화병법으로 단숨에 그를 무너뜨릴 수 있다.

양해를 바라는 침묵

상대방의 양해를 구하려고 구질구질하게 말을 늘어놓을 필요가 없다. 이렇게 말하면 된다.

“이번 프로젝트는 제가 먼저 하고 싶습니다. … 그래도 될까요?”

여운을 주는 침묵

상대에게 감동을 전해주기 위해서는 침묵하자. 앞서 버락 오마마가 대표적인 사례인데 이렇게 말하면 된다.

"자네, 이번 프로젝트에 정말 최선을 다해줬네…"

기대하게 만드는 침묵

앞으로 나올 말에 대한 궁금증을 자아내게 한다. 이렇게 말하면 된다.

"우리 부서에 좋은 일이 생겼네. 그게 뭐냐 하면…"

동의를 구하는 침묵

상대가 저절로 동의할 수 있도록 하는 침묵이다. 말을 하는 도중에 침묵을 하면 상대가 저절로 동의할 수밖에 없는 포획 틀에 사로잡히게 된다. 이렇게 말하면 된다.

"이번 기획안은 우리 팀원이 한 달 동안 회사에서 먹고 자면서 만들었습니다. 그러니 만큼 이번 제안서에…"

생각하게 만드는 침묵

상대에게 생각할 시간을 준다. 말을 하다 보면 말의 속도를 생각의 속도가 따라잡지 못하는 일이 자주 생긴다. 그럴

땐 이렇게 침묵을 활용하면 된다.

　"이번 정부가 내놓은 경제 대책에 대해 어떻게 생각하십
니까? …"

5부

어떤 상황에서도
통하는
초간단 말투의 법칙

백전백승을 이끌어내는
상황별 초강력 전략

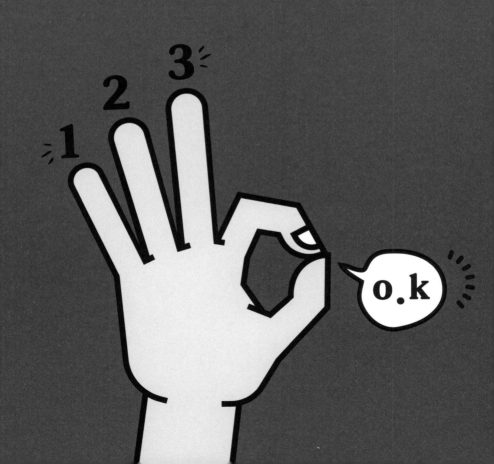

세련되게 나를
어필하고 싶을 땐
'이것'

"이번 기획서 언제까지 완성됩니까?"

"네, 지금 잘 준비 중입니다. 어제 초고를 완성했는데 부족한 부분을 보완하고 있습니다. 지금까지 만들었던 기획서 중에서 최고의 수준으로 만들고 있습니다. 조금만 기다려주십시오. 내일까지 완성됩니다."

회사에서 종종 접하게 되는 상사와 부하 직원의 대화다. 대화가 차질 없이 이어진 듯하다. 여기서 살펴봐야 할 부분은 질문하는 상사가 알고자 하는 내용의 핵심이 대답에 담겨 있느냐이다. 상사는 기획서가 완성되는 '시점'을 알고 싶어 했다.

따라서 직원은 그 시점을 말하는 게 우선이 되어야 한다. 그런데 자잘한 이야기를 늘어놓다가 맨 마지막에 가서야 완성 시점인 '내일'을 밝혔다. 더욱이 촌각을 다투는 비즈니스 현장에서는 시간 단위로 말하는 게 옳다. '내일'이 아니라 '내일 몇 시'가 되어야 한다.

이 직원의 대답은 핵심을 잘 응축하지 못했음을 알 수 있다. 직원의 대답은 이렇게 바뀌어야 한다.

"네, 지금 잘 준비 중입니다. 내일 ○시까지 완성이 됩니다. (어제 초고를 완성했는데 부족한 부분을 보완하고 있습니다. 지금까지 만들었던 기획서 중에서 최고의 수준으로 만들고 있습니다. 조금만 기다려주십시오.)"

핵심을 맨 앞에 두었다. 따라서 상사는 자신이 원했던 대답을 즉각 알 수 있다. 참고로, 위의 대답에서 괄호 안의 말은 있어도 좋고 없어도 그만이다. 핵심 한 줄이 중요하다. 이렇듯 핵심을 맨 앞에 두고 그다음에 부연 설명하는 말을 넣어야, 메시지가 선명해진다. 듣는 사람도 확실히 요지를 잡을 수 있고, 말하는 사람도 의견과 주장의 초점을 강력하게 피력할 수 있다.

따라서 빈틈없이, 신속하게 의사를 주고받아야 하는 현장에서는 핵심을 맨 앞에 두고 말하는 방식을 취해야 한다. 이런 말하기 방식을 '두괄식 말하기 방식'이라고 한다. 두괄식은 글의 핵심 곧 주제를 맨 앞에 두는 단락 구성법을 말한다. 리포트나 논문, 보고서, 기획서 등을 작성할 때 생각의 단위인 단락을 만들어서 글을 써야 하는데 이를 패러그래프(paragraph writing)이라고 한다. 다음의 예를 살펴보자.

"오프라 윈프리는 숱한 역경을 극복한 세계적인 방송인이다. 그녀는 가정부로 일하는 가난한 미혼모의 딸로 태어났다. 9살 때에는 사촌에게 성폭행을 당했으며, 14살에 미혼모가 되었다. 20대에는 마약에 빠져 지냈다. 이런 그녀가 과거의 아픔을 딛고 토크쇼의 여왕이 되었다. 그녀의 〈오프라 윈프리 쇼〉는 1986년에서 2011년까지 미국의 애청자만 2천여만 명에 달했고, 세계 140개국에서 방영되었다."

위의 단락에서 주제는 첫 줄에 들어 있다. 이 한 줄만 읽으면 이 글에서 어떤 말을 하려고 하는지를 단박에 알 수 있다. 첫 줄 다음에 이어지는 문장은 핵심을 구체적인 사례로 뒷받침해주는 글이다. 시간이 없을 경우에는 첫 줄만 읽고 지나가도 된다. 그만큼 맨 앞줄에 핵심을 잘 요약해놓았다.

이처럼 말하기에도 두괄식을 사용하는 게 좋다. 말하는 사람의 경우, 맨 앞에 자기가 할 말의 핵심이 되는 기준을 세워놓기 때문에 횡설수설하거나 삼천포로 빠지지 않는다. 그리고 듣는 이는 신속하게 상대의 핵심을 전달받을 수 있다.

그런데도 이 두괄식 말하기를 잘 사용하지 못하는 이유가 무엇일까? 먼저, 연습 부족을 들 수 있다. 일상이나 직장 생활을 하면서 어떤 말이든 두괄식으로 정해진 시간 내에 말해보는 연습을 부단히 할 필요가 있다. 다음으로는 자기주장이 약하기 때문이다. 우유부단한 성격 탓에 딱 부러지게 '내 주장은 이것이다'라고 말하는 데에 익숙하지 못하면 맨 앞에 핵심을 말하기 쉽지 않다.

어떤 상황에서든 누구와 대화를 할 때든 효과적인 게 두괄식 말하기다. 스피치 전문가들은 어떤 사람과 대화를 할 때, 그가 말을 하면서 두괄식을 쓰느냐 안 쓰느냐에 따라 상

대의 스피치 수준을 평가 내린다. 두괄식 말하기를 잘한다는
건 자신의 생각을 잘 정리하여 주제를 먼저 제시할 수 있다는
능력을 보여주는 것이다.

회사에선
선 칭찬, 후 주장이
답이다

"생각의 핵심을 전달하는 요령을 잘 배웠습니다. 그런데 회사에서는 쉽게 적용하기가 어려울 것 같아요. 지위의 차이가 있기 때문에 자기 의견이 옳다고 해도 상대와 입장이 다르면 입 밖에 내놓기 힘든 게 사실입니다. 아무리 과감하게 핵심을 전달한다고 해도 큰 의미가 없어요. 반감만 살 뿐인데 이때는 어떻게 하면 좋습니까?"

핵심을 말하는 요령을 습득했다 해도, 직장 생활에서는 그것만으로 부족하다. 특히나 상사와 부하 관계에서는 더욱 그렇다. 부하 입장에서는 상사의 의견을 거스르기가 쉽지 않고, 상사의 입장에서도 부하의 눈치가 보인다. 따라서 주제와 핵심을 앞에 제시하는 말하기 방식만 밀어붙여서는 곤란하다.

만약 상사가 회의 때 이렇게 말했다고 하자.

"여러분 다들 이번 프로젝트를 진행하는 것에 찬성하시죠? 어떠세요?"

더욱이 주변의 눈치를 보니 대다수 찬성하는 듯하다. 이때 나 혼자만 그것에 반대하려고 한다고 하자. 이 경우에는 앞서 탁월한 효과를 발휘했던 3단계 화법이나 핵심을 말머리에 제시하는 두괄식 말하기, 3마디로 말하기가 별 소용이 없다. 혼자만 반대 의견을 강력하게 피력한답시고 이렇게 말하면 어떻게 될까?

"저는 반대합니다. 왜냐하면 세 가지 이유 때문에 그렇습니다. 첫째… 둘째… 셋째… 그래서 이번 프로젝트는 취소되어야 합니다."

큰 코 다친다. 직장은 어찌됐건 간에 조직 사회다. 상하 수직 위계질서가 분명하다. 더욱이 사람은 지위고하를 떠나서 감정적인 동물이다. 상대로부터 인정받으면 기분이 좋고, 상대로부터 인정받지 못하면 기분이 상하는 게 당연하다. 위와 같은 말은 정서적 반발이 심할 게 분명하다.

다시 한 번 확인하지만, 다음과 같은 말을 들어서 좋아할 사람은 단 한사람도 없다. 설령, 성인군자라 해도 제자가 이렇게 말하면 토라져 버릴 게 분명하다.

따라서 반대 의견을 내놓을 때는 특별한 기술을 사용해야 한다. **상대의 감정을 해치지 않고, 상대의 체면을 지켜주면서도 자신의 반대 의견을 내놓는 화법이 필요하다. 바로 'Yes-But 화법'이다.** 위의 반대 의견은 이렇게 바꿔주는 게 좋다.

"좋은 의견이십니다. 하지만 저는 다른 견해를 가지고 있습니다. 저는 프로젝트가 철회되어야 한다고 보는데 세 가지 이유를 말씀드리겠습니다…"

먼저, 상사의 의견을 존중하는 모습을 보인다(Yes). 그런 후 반대 의견을 피력하는 것이다(but). 이는 심리학의 초두효과, 곧 먼저 제시된 정보가 나중에 알게 된 정보에 강력한 영향을 미치는 현상을 통해서도 확인할 수 있다. 그러니까 먼저 긍정(Yes)을 하면 상대에 대한 인상이 좋아짐에 따라 설령 반대 의견(But)을 내놓아도 거부감이 없게 된다.

상대와 다른 의견, 반대 의견을 내놓을 때는 먼저 긍정을 하여 상대에게 호감을 얻어내자. 그런 후 본색(반대 의견)을 드러내도 늦지 않다. 절대 급할 이유가 없다. 이렇게만 하면 핵심으로 상대의 급소를 찌를 수 있다.

영업자의 경우, 아무리 친절하게 제품을 소개해도 설득되지 않는 고객을 만날 때가 있다. 고객이 제품이 안 좋다고 말을 한다고 치자. 이때 고지식하게 고객의 생각을 거슬러서는 곤란하다. 이렇게 말하는 게 좋다.

"네, 고객님은 우리 제품을 안 좋게 생각하시는군요. 그렇지만 여기 설명서를 보세요. 이 제품은…"

압박 면접 상황인 응시자도 그렇다. 면접관이 우호적으로 나오기만 하지 않는다. 때때로 시험 삼아 불쾌한 기분이 드는 말을 하기도 한다. "이렇게 학점이 낮은데…", "어학 점수가 낮아서야…" 이런 말을 들으면 침착하게 Yes-But 화법을 사용하자.

"네, 그렇습니다. 하지만…"

말의 핵심이 즉각 통하는 상대가 있고 그렇지 않은 상대가 있다. 반대 의견을 내놓을 때는 거의 모든 사람이 아무리 좋은 말을 핵심적으로 이야기해도 반기지 않는다. 이때는 먼저 띄워주고, 그다음에 반대 의견을 핵심적으로 전하면 된다.

자신이 없을 때
통하는
'3의 마법'

앞서 3단계 화법과 강력한 3마디에 대해 설명했다. 여기에서는 '이야기를 세 가지로 정리하기'에 대해 알아보기로 한다. 묘하게도 숫자 3이 겹친다. 여기에는 우연이라고 치기에는 너무나 과학적인 비밀이 담겨져 있다. 꼭 '3'이 되어야 하는 이유가 있다.

우리 주변에는 3의 구조로 표현된 개념과 현상, 대상이 많다. 예를 살펴보자. 금은동, 진선미, 상중하, 천지인, 아침점심저녁, 과거현재미래, 대중소, 고체액체기체, 시간공간물질, 흑인백인황인 등 이루 헤아릴 수 없이 많다. 3의 구조는 완벽함을 보여준다고 해도 과언이 아니다. 라틴어에 '셋으로 이루어진 것은 모두 완벽하다'라는 말이 있을 정도다.

따라서 논리적으로 핵심을 말할 때 2단계도, 4단계, 5단계도 아닌 '3단계 화법'이 가장 강력하다. 이와 함께 최소한의 짧은 말 역시 두 마디도, 네 마디도 아닌 딱 '3마디'가 위력을 발휘한다.

이와 마찬가지로 말을 할 때 자신의 생각을 딱 '세 가지'로 정리하여, 말을 시작하면서 세 가지를 말하겠다고 언급하는 방법이 유효하다. 어떤 내용이든 세 가지로 요약하는 게 바람직하다고 해서 '3의 법칙'이라 이름 붙었다. 이 숫자 3은 마법의 힘을 발휘한다. 이야기를 세 가지로 요약하는 '3의 법칙'에도 역시 세 가지 힘이 있다.

첫째, 완성의 의미를 가지고 있다.

부족하지도 않고, 또한 넘치지도 않은 완벽함을 의미한다. 이는 황금률에 다름 아니다.

둘째, 안정의 의미를 가지고 있다.

균일하고 질서 있게 핵심 메시지가 세 가지로 분할되어 전달된다. 특히 자신감이 떨어졌을 때나 긴장될 때, 차분히 중요한 내용을 모두 말할 수 있게 한다.

셋째, 간결한 표현이 가능하다.

세 가지로 정해진 이야기를 차례로 전하기에 듣는 이가 쉽게 이해할 수 있다. 이에 따라 청자의 집중도도 높아진다.

일상에서 어떤 연설이나, 발표, 보고를 들을 때 정리가 잘 되어 핵심이 쏙쏙 전달된다고 느낄 때가 있다. 그 경우 어김 없이 '3의 법칙'이 적용된 걸 알 수 있다. 이는 세계적인 프레 젠터 스티브 잡스의 연설에서도 예외가 아니다. 그는 누구보 다 '3의 법칙'을 적재적소에 잘 사용했다. 대표적인 것이 스 탠퍼드대 졸업식 연설이다. 예시를 살펴보자.

"저는 오늘 세계에서 가장 훌륭한 대학 중 한 곳을 졸업하 는 여러분과 함께 이 자리에 선 것을 영광스럽게 생각합니다. 저는 대학을 나온 적이 없습니다. 사실대로 말씀드리자면 저 로서는 이 자리가 대학 졸업에 가장 가깝습니다. 저는 오늘 여러분께 제 인생의 '세 가지 이야기'를 말씀드리고자 합니다. 별것 아닙니다. 그냥 세 가지 이야기입니다.

첫 번째 이야기는 점의 연결에 관한 것입니다. 저는 리드 칼리지를 6개월 다니고는 그만뒀습니다. 바로 그만둔 것은 아닙니다. 18개월 정도 청강생으로 주변을 맴돌았습니다. 제가 왜 중퇴했을까요? (중략)

저의 두 번째 이야기는 사랑과 상실에 관한 것입니다. 저는 운이 좋았습니다. 일찌감치 무얼 사랑해야 할지 깨달았습니다. 저는 스무 살 때 스티브 워즈니악과 함께 부모님 차고에서 애플을 창업했습니다. (중략)

저의 세 번째 이야기는 죽음에 관한 것입니다. 열일곱 살 때 책에서 이런 구절을 읽은 적이 있습니다. '오늘이 마지막 날이라는 생각으로 하루하루를 살아라. 그러면 언젠가는 제대로 될 것이다.' 이 말은 제게 강한 인상을 남겼습니다." (중략)

스티브 잡스는 서두에서 '그냥 세 가지 이야기입니다'라고 말하고 있다. 본론에서 할 이야기의 핵심이 세 가지라는 뜻이다. 이렇게 앞에서 언급을 해놓으면 청중들은 세 가지의 이야기를 차례대로 들을 준비를 할 수 있다. 그다음 스티브 잡스는 각각의 이야기의 맨 앞에 핵심을 제시했다.

첫 번째 이야기의 핵심은 '점의 연결에 관한 것'이며, 두 번째 이야기의 핵심은 '사랑과 상실에 관한 것'이고, 세 번째 이야기의 핵심은 '죽음에 관한 것'이다. 이렇게 연설을 하니 일목요연하지 않은가? 핵심의 전달력이 그만큼 강력해지기 때문에 연설의 호응도 또한 엄청나게 높을 수밖에 없다.

핵심만을 간명하게 말하고 싶은가? 그렇다면 본론을 말하기 전에 무조건 이렇게 말하라.

"세 가지를 말씀드리겠습니다."

그러고 나서 세 가지를 차례대로 말하면 된다.

결론만 잘 말해도
이기고 들어간다

통상적으로 많이 활용되는 간결한 말하기 방식은 서론·본론·결론의 '3단계 화법'이다. 이는 사람들에게 매우 친숙한 구성을 가지고 있다. 보고서나 제안서, 논문, 논술 등의 논리적인 글쓰기 방식과 같아서인지, 청자들은 서론·본론·결론의 3단 구성을 익숙하게 받아들이는 경향이 있다.

실제로 3단계 화법은 프레젠테이션이나 연설 등 다중 대상의 스피치를 할 때는 물론 직장에서나 일상에서 큰 효력을 발휘한다. 유명한 프레젠테이션이나 연설 등을 살펴보면 대부분 3단계 화법을 따르고 있음을 알 수 있다. 이는 특히 시간을 다투는 면접 및 비즈니스 현장에서 더욱 유용한 말하기 방식이다.

3단계 화법은 결론을 어디에 두느냐에 따라 세 가지 유형으로 나뉜다. 결론이 서론에 있으면 '전결형'이고, 결론이 결론에 있으면 '후결형'이며, 결론이 서론과 결론 두 곳에 있으면 '전후결형'이다.

전결형

말을 할 때 서론에 결론을 말하는 방식이다. 이를 통해 듣는 사람들이 지루해하거나 한눈팔 여지를 주지 않는다. 전결형은 듣는 사람들의 귀를 번쩍 뜨이게 한다. 서론에 자신이 하고자 하는 말의 핵심을 던져놓고 나서 본론에서 그것을 뒷받침하는 근거를 제시하면 된다. 그러고 나서 결론 곧 자기 의견으로 마무리한다.

간략히 예를 들면 다음과 같다.

"저는 이번 홍보 전략을 세 가지 이유에서 반대합니다.

→ 결론 제시

첫째… 둘째… 셋째…

이상으로 제 의견을 말씀드렸습니다."

후결형

말을 할 때 결론 부분에서 핵심적인 주장을 피력하는 말하기 방식이다. 서론에서는 흥미를 끄는 식으로 시작한 후, 본론에서 자기 의견의 근거를 제시한다. 그러고 나서 결론에서 자기 의견을 말한다. 이 방법은 결론을 다 듣기까지 결론을 모르기 때문에 호기심을 갖고 경청하게 되는 장점이 있다.

간략히 예를 들면 이렇다.

"이번 홍보 전략에 대해 말들이 많습니다. 홍보 전략에 대한 제 의견을 말씀드리겠습니다.

첫째… 둘째… 셋째…

따라서 이번 홍보 전략은 회사 이미지를 고려할 때 반드시 철회되어야 합니다."→ 결론 제시

선후종결형

말을 할 때 서론과 본론 두 곳에서 결론을 제시하는 방식이다. 이는 말의 도입부에서 그리고 마지막에서 두 번 결론을 피력하기 때문에 결론이 더더욱 강조된다. 핵심을 강력하게

전달하고자 할 때 이 말하기 방식이 효과적이다.

간략히 예를 들면 이렇다.

"저는 이번 홍보 전략을 세 가지 이유에서 반대합니다.

→ 결론 제시

첫째… 둘째… 셋째…

따라서 이번 홍보 전략은 회사 이미지를 고려할 때 반드시 철회되어야 합니다." → 결론 제시

이 세 가지 방식 중에 어느 게 가장 탁월하냐고 묻는다면 마지막 선후종결형이라고 답하겠다. 결론 곧 자기 의견을 앞뒤에서 두 번 반복하는 만큼 그 핵심이 더 강력하게 전달이 된다. 그렇다고 꼭 이 방법만 취할 이유는 없다. 세 가지 방식을 번갈아 사용해보면서 자신에게 가장 잘 맞고 또 높은 효과를 보이는 것을 선택해 활용하면 된다.

감정이 격해질 때 '나 전달 대화법'

누군가와 대화를 할 때는 감정을 잘 다스리는 것이 중요하다. 순간을 참지 못한 채 감정의 포로가 되어 마구 분노와 짜증을 표출하면 더 이상 상대와 소통을 할 수 없다. 이렇게 되면 정말로 상대에게 전달하고 싶은 말을 놓치고 만다. 대부분 그러고 나서는 자신이 욱하게 된 탓을 상대에게 돌린다. 상대 때문에 그렇게 됐다면서 변명을 늘어놓게 된다.

이유야 어찌되었든 결과를 놓고 생각해보자. 말하는 사람이 화를 내면 그가 어떤 말을 하든지 상대방의 귀에 전달이 되지 않는다. 신경질적인 말투가 말의 핵심을 흐려버린다.

사실, 눈뜨자마자 잠들 때까지 욱하는 상태에서 누군가와 대화를 하게 되는 일은 너무나 자주 생긴다. 엄마가 말썽 부리는 아이를 대할 때, 출근길에 집 앞에 쓰레기를 버리는 이웃을 대할 때, 태평한 자세로 업무를 제대로 처리하지 않는 불성실한 직원을 대할 때가 그렇다. 이 경우, 말하는 사람이 상대에게 전달하고자 하는 핵심은 상대의 행동이 바뀌었으면 하는 것이다.

엄마는 아이가 말썽부리지 않길 바라고, 누구나 이웃이 자기 집 앞에 쓰레기를 버리지 말길 바라고, 회사원은 같이 일하는 사람들이 제대로 일해주길 바라는 게 하고 싶은 말의 핵심이다. 그런데 **순간적으로 터져나오는 감정을 제어하지 못하면 이 핵심은 상대에게 제대로 전달되지 못한다.**

따라서 화나는 상황에서 감정을 조절하고 핵심 메시지를 설득력 있게 상대에게 전달하는 요령이 필요하다. 이때 효과적인 게 바로 '나 전달(I-Message) 대화법'이다. 이는 미국의 임상 심리학자 토머스 고든이 부모의 자녀의 갈등 문제를 해결하기 위해 고안한 대화법이다. 그에 따르면 보통의 부모들은 아이가 화나게 하는 행동을 하면 이렇게 말한다고 한다.

"너 자꾸 카페에서 떠들면 혼난다."

이것이 너를 주어로 한 '너 전달(You-Message) 대화법'
인데 이는 감정을 표출할 뿐 아이의 행동 변화에 큰 도움이
되지 않는다. 이 문제를 해결하기 위해 그는 나를 주어로 한
'나 전달 대화법'를 권고했다. 앞의 상황의 경우, '나 전달 대
화법'을 적용하면 이렇게 된다.

"네가 카페에서 떠드니까 다른 사람들이 불편해하는구나.
엄마는 다른 분들에게 너무 미안해. 엄마가 속상한데 엄마 부
탁을 좀 들어줄래?"

이렇게 말하면 아이가 반발하지 않고 엄마의 기분을 잘
헤아리고 나서 자신의 행동을 바꾸게 된다. 이러한 '나 전달
대화법'은 기본적으로 상대방에 대한 존중에 기초하고 있다.
그래서 상대의 감정에 상처를 주지 않고 메시지의 핵심을 잘
전달할 수 있다.

'나 전달 대화법'의 구조는 다음과 같다.

① 상대의 문제 행동 말하기 → ② 그 행동이 나에게 미치는 영향 말하기 → ③ 나의 감정을 말하기

직장 생활에서의 대화를 들어보자. 상사가 지각하는 직원에게는 보통 '너 전달 대화법'으로 이렇게 말한다.

"자네 왜 자꾸 지각이야. 이래 가지고서야 제대로 일을 할 수 있겠어?"

직장 상사가 직원에게 하고 싶은 말의 핵심은 '지각하지 말라'이다. 하지만 이런 식으로 말하면, 직원의 행동을 바꾸는 데 아무런 도움이 되지 못한다. 직원이 상처를 받을 뿐 아니라 반감을 갖게 된다. 이렇게 '나 전달 대화법'으로 고치는 편이 좋다.

"계속 지켜봤는데 자네는 이번 주에 계속 지각이군. 그래서 나는 자네가 일을 잘할 수 있을지 걱정이 드네. 솔직히 기분이 별로 좋지 않아."

이렇게 말하면, 직원은 상사의 감정을 헤아리면서 지각을

하지 말아야겠다는 결심을 하게 된다. 이로써 상사는 분노를 표출하는 대신 효율적으로 직원에게 핵심 메시지를 전달할 수 있다.

대화는 화날 때, 갈등이 생길 때, 꾸짖을 때, 비난할 때처럼 부정적인 상황에서도 자주 이루어진다. 이때 격한 감정을 일방적으로 표출하면 정말로 하고 싶은 말의 핵심이 실종되고 만다. 감정이 격해질수록 '나 전달 대화법'으로 상대를 존중해주어야 핵심 메시지가 상대에게 잘 전달된다는 사실을 잊지 말도록 하자.

웃으면서
사람을 움직이는
테크닉

직장에서 상사가 부하 직원에게 지시를 내릴 때가 많다. 여러 가지 업무 분야에서 시도 때도 없이 지시가 내려진다. '지시'는 상사가 직원들에게 구체적인 일을 진행시켜서 성과를 내도록 하기 위한 말이다. 지시가 제대로 이루어졌을 때 비로소 업무가 빠르게 진행되고 또 좋은 성과를 낼 수 있다.

흔히 직장에서 접하는 지시는 이런 식이다.

"매출 실적을 50퍼센트 올려주세요. 이번에는 우리 회사가 말이죠…"

"근무 시간에 일에 집중해줘요. 여러분에게 투자하는 돈이 얼만데 이런 식으로…"

"이 프로젝트를 빨리 진행해주세요. 이 프로젝트가 얼마나 중요하냐면…"

그런데 자칫 지시를 함부로 내리거나 자신감 없게 하면 부작용이 생긴다. 거칠게 명령조로 하면 직원들에게 반발심이 생기게 되고, 힘없이 하면 직원들은 잘 따르지 않는다. 그래서 지시를 제대로 하기는 말같이 쉽지 않다. 그 결과 지시의 목적을 이루지 못하는 경우가 허다하다.

그렇다면 어떻게 똑 부러지게 지시를 내릴 수 있을까? 직원들의 반감이 생기지 않게 하면서도 진심으로 잘 따르게 할 수 있을까? 심리법칙 '부여된 진행효과(Endowed progress effect)'에서 그 힌트를 얻을 수 있다. 이는 특정 목표에 근접해가고 있다고 여길 때 더욱 의욕적으로 목표를 완수하려는 현상을 가르키는데, 소비자 연구가인 누네스와 드레지의 실험에서 처음 제기되었다.

그들은 세차장에서 흥미로운 실험을 진행했다. 고객을 두

그룹으로 나눠 쿠폰을 지급하면서 스탬프 여덟 개를 찍으면 무료 세차를 할 수 있다고 말했다. 두 그룹에게 지급된 쿠폰은 다음처럼 달랐다.

A그룹의 쿠폰 열 개의 빈 공간 가운데 이미 두 개의 스탬프가 찍혀 있다.

B그룹의 쿠폰 쿠폰에 여덟 개의 빈 공간이 있다.

A그룹의 쿠폰과 B그룹의 쿠폰은 실질적으로 똑같다. 그런데 A와 B그룹의 행동 결과는 다르게 나왔다. A그룹이 스탬프를 찍는 비율이 B그룹에 비해 무려 82퍼센트나 높았다. 그 이유는 사람은 백지 상태에서 목표를 완수하는 것보다 이미 일정 정도 진행한 상태에서 목표 완수를 시도할 때 더욱 동기부여가 되기 때문이다.

따라서 지시를 내릴 때 백지 상태에서 구체적인 일을 추진시키는 것은 바람직하지 않다. 시작도 하지 않았다는 걸 전제로 깔고 "…해주세요", "…해야 하지 않습니까?"라는 말투는 큰 효력을 보기 힘들다. 이 대신에 어느 정도 구체적인 일을 이미 추진하고 있다는 것을 전제로 깔고 지시를 하는 편이 더 높은 효과를 낼 수 있다.

상사가 직원에게 매출 실적을 높여 달라고 할 때는 조급하게 닦달하지 말아야 한다. 이런저런 이야기를 늘어놓을 필요도 없다. 간단히 '이미 잘 해왔음'을 강조하면 된다.

"매출 실적이 이미 좋아지고 있습니다. 매출 실적 50퍼센트 상향을 향해 모두 애써주고 있군요."

상사가 근무 시간에 태만한 직원들 때문에 골머리를 앓고 있다고 하자. 그 직원들에게 근무에 집중하라고 지시할 때는 이렇게 하자.

"일에 이미 집중하고 있군요. 꾸준히 잘 해주길 바랍니다."

상사가 직원들에게 빨리 프로젝트를 진행시키도록 지시를 할 때는 이렇게 말하는 게 좋다. 이미 성과의 맛을 본 직원들은 더욱 동기부여가 되어 일에 매진한다.

"프로젝트 진행이 이미 잘되고 있군요. 잘 해낼 거라 믿습니다."

'이미 좋아지고 있습니다', '이미 집중하고 있군요', '이미 잘되고 있군요' 이런 말을 사용한 지시는 직원을 춤추게 하는 마술을 부린다. 요약하면, '이미 ( )하고 있군요(있습니다)' 이

3마디면 그 어떤 지시도 큰 효과를 낼 수 있다는 말이다. (당신은) 이미 잘하고 있다!

최고의 영업 사원은
'빽빽이'를 한다

모 외국계 의료기기 영업 사원은 뛰어난 실적으로 소문이
자자했다. 그는 의학 쪽하고는 전혀 관련 없는 학문을 전공한
사람이었다. 그에게 남다른 영업 노하우가 있지 않을까 해서
만나보았다. 그는 그저 여느 영원 사원과 크게 다르지 않았
다. 말투도 그렇고 매너도 특별한 게 없었다.

궁금증이 생겨서 그에게 특별한 영업 비법이 있으면 알려

달라고 부탁했다. 그러자 그가 이렇게 대답했다.

"저는 다른 영업 사원보다 특별히 말을 잘하지는 않아요. 단지 제가 소개하는 제품에 대해서만큼은 완벽하게 숙지를 하려고 노력합니다. 제가 상대하는 고객은 주로 의사들인데 그분들이 저에 대한 신뢰감을 가질 수 있도록 제품에 대한 전문 지식을 갖추려고 해요. 그래서 제품에 대한 정보, 지식을 제대로 파악하고자 의학논문을 읽거나 외국 의학 사이트를 찾아보고 있습니다. 이렇게 해서 **제품에 대해 정통하게 되면, 꼭 할 말만 간결하게 전달할 수 있죠.**"

들고 있던 나는 무릎을 탁 쳤다. 그 영업 사원은 대화 내용에 전문성을 더해 고객에게 어필하는 데 성공했다. 수많은 분야에서 여러 영업 사원들이 활동하고 있다. 그 가운데에서 특히 외국계 의료기기 영업 사원은 의료기기의 특성상 제품을 완전히 숙지하기가 쉽지 않다. 그럼에도 그 직원은 오랜 시간과 노력을 할애해 제품에 대한 전문적인 지식을 갖추기에 이르렀다.

따라서 그 영업 사원의 말에는 핵심 알맹이가 간결하게 들어 있을 수밖에 없다. 다만 그렇지 않은 사람들의 사정은 어떨까? 제품을 충분히 숙지하지 않고 얕은 지식을 대충 암기한 직원은 고객 앞에서 겉도는 말을 혼란스럽게 늘어놓을 수밖에 없다. 그러면 전문가인 의사들은 단박에 그가 핵심을 놓치고 헤매고 있다는 걸 알아차린다. 결국, 의사들은 그 직원에게 지갑을 열기를 원치 않는다.

공부할 때도 그렇다. 가령 한국사를 공부한다고 하자. 초기에는 핵심을 못 잡고 허둥지둥대기에 바빠 머릿속이 혼란스럽다. 이때 누군가에게 한국사를 가르친다고 할 경우 횡설수설하게 된다. 하지만 여러 차례 내용을 독파하고 암기하고 나면 핵심이 선명하게 들어온다. 그러면 누군가에게 한국사를 가르칠 상황이 되어도 핵심 줄기를 따라가면서 간결하게 설명할 수 있다.

'간결성의 원리(Laws of Prägnanz)'라는 심리학 용어가 있다. 이는 사람들이 사물의 두드러진 특징을 중심으로 최대한 단순하게 보려 하는 심리 현상을 가리킨다. '오컴의 면도날(Occam's razor) 법칙'도 비슷한 개념이다. 이는 '어떤 사실이나 현상에 대한 설명 중에 가장 단순한 것이 진실일 가능성이 높다'는 것이다. 영국의 작은 마을 오컴에서 태어난 논리학자 윌리엄은 어떤 현상의 인과관계를 설정할 때 불필요한 가정을 줄이라고 했다.

가령 옆집 피자 가게가 장사가 잘된다고 하자. 그것은 그 집 피자 치즈가 자연산이고 사장님이 잘생겼기 때문일 수도 있다. 하지만 이 가정은 얼마나 진실에 가까울까? 이렇게 두 개의 가정을 세우면 가정 하나하나는 실현될 수도 안 될 수도 있는 각각의 확률을 내재하므로 결국 진실일 가능성이 낮아진다. 따라서 딱 하나의 가정만 세우는 게 낫다.

"옆집 피자 가게가 장사가 잘되는 건 피자가 맛있기 때문이다."

이렇게 불필요한 설명을 면도날로 가르듯 잘라내야 판단 오류의 가능성을 낮출 수 있다. 그래서 윌리엄의 출생지인 오컴의 이름을 따라서 '오컴의 면도날'로 이름 지어졌다.

따라서 말하는 사람은 무언가를 설명할 때 각별히 주의해야 한다. 자신이 말하고자 하는 내용을 전문적으로 완벽히 숙지하지 않으면 혼란스럽게 말이 나온다. 하지만 전문적으로 완벽하게 할 말의 내용을 숙지하면, 간결하게 나오게 된다. 그러면 듣는 이가 간결성의 원리에 따라 쏙쏙 귀에 담아 들을 수 있으며, 그 말에 진실성이 높다고 생각하게 된다.

『21세기의 핵심 역량』의 저자 버니 트릴링은 말했다.

"가벼운 간결함은 정확한 이해 없이 그저 짧게 이야기하는 것이고, 깊은 간결함이란 관련 지식을 바탕으로 간단명료하게 정리해 말하는 것이다."

절대 마음을
열지 않는 사람
대처법

영업자가 고객에게 하는 말의 핵심은 제품을 파는 데 있
다. 발표자의 스피치 역시 제품을 팔거나 계약을 따는 게 핵
심이다. 영업자와 발표자가 하는 말의 핵심은 결국 원하는 걸
얻어내는 데 있다. 직장 내에서 동료나 상사와 회의, 보고를
할 때도 그렇다. 직장인이 하는 말의 핵심은 자기가 원하는
대로 상대를 이끄는 데 있다.

비즈니스에서 말의 핵심은 분명하다. 따라서 그 핵심에서 벗어난 말은 부수적이기에 최대한 가지치기를 해야 한다. 그래야 말이 날선 칼처럼 번득인다. 말하는 사람이 원하는 대로 제품을 팔아치울 수 있고, 상대를 내 편으로 만들 수 있다.

영업자에게는 '이 제품을 구매해주세요'가, 발표자에게는 '이 프로젝트를 계약해주세요'가, 직장인에게는 '내 의사에 따라주세요'가 말의 핵심이다. 상대가 이 말에 응해주면 핵심 전달이 잘 된 것이다.

이때 핵심 메시지를 어떻게 효율적으로 가다듬느냐가 중요하다. 간결하면서도 강력하게 핵심을 살려낼 때 원하는 걸 얻어낼 수 있다. 하지만 이것만으로는 부족하다. 모 자동차 딜러가 이런 고민을 내놓았다.

"아무리 핵심 메시지를 다듬어서 전달해도 끄덕하지 않는 고객이 있습니다. 아니면 무조건 아닌 겁니다. 이 경우에는 어떻게 하면 좋겠습니까?"

절대 눈썹 하나 까닥하지 않는 완고한 고객이 있기 마련이다. 이 고객은 그 어떤 핵심 메시지를 전달하더라도 끄덕하지 않는다. 이 경우에는 '최면 요법'을 활용할 수 있다. 최면이라고 해서 대단한 게 아니다. 사실 우리는 일상에서 무언가에

몰입할 때 주위의 반응을 지각하지 못할 때가 있다. 가령 축구 경기를 볼 때, 스마트폰에서 문자 알림 소리가 나도 못 알아차린다. 또한 정신없이 소설책을 읽을 때는 밥 먹으라는 가족의 목소리를 못 알아듣는다. 이 두 경우가 최면 상태에 빠진 상황이다.

철옹성처럼 비집고 들어갈 틈이 없는 상대, 절대 마음을 바꾸지는 않는 상대는 최면에 빠뜨리는 게 좋다. 최면 심리학의 '예스 멘탈 세트'를 활용하면 된다. 이는 세 번 예스를 유도하는 질문을 한 후 네 번째로 원하는 제안을 던져 예스를 얻어내는 방법이다. 일상적인 물음을 세 번 던져서 상대가 예스를 하면 상대는 최면 상태에 빠진다. 그런 후 마지막으로 핵심 메시지를 전달하면 상대는 저절로 예스를 하게 되어 있다. 다음 예시를 살펴보자.

"날씨가 덥죠?"→"네, 아주 덥네요." : 첫 번째 예스

"휴가는 잘 보내셨죠?"→"네, 시골에서 잘 쉬었어요." : 두 번째 예스

"오랜만에 회사에 출근하니 좀 힘드시죠?"→"네, 일주일 쉬었더니 일이 손에 잡히지 않네요." : 세 번째 예스

"이번에 새 프로젝트가 진행되는데 맡으실 생각 있으시

첫 번째, 두 번째, 세 번째 질문에서 상대가 예스를 하게
만드는 게 중요하다. 이렇게 해서 상대가 연속으로 예스를 하
게 되면 최면 상태에 빠지게 된다. 이때 네 번째에 자신의 핵
심 메시지를 질문으로 던진다. 그러면 최면 상태에 빠진 상대
는 저절로 '예스'를 외친다.

완고한 상대를 만났다면 그에게 일상적인 질문으로 세 번
예스하게 만든 후 최면 상태에 빠지게 하자. 그런 후 은근슬
쩍 네 번째에 단도직입적으로 핵심 메시지를 질문으로 전달
해보자.

"이 제품을 구매해주실 거죠?"

"이 프로젝트를 계약해주실 거죠?"

"제 의사에 따라주실 거죠?"

세 번의 질문으로 예스하게 한 후 마지막에 핵심 메시지
를 질문하는 것이 성공의 열쇠다. 그러면 상대는 무조건 예스
를 하게 되어 있다. 철옹성같이 닫힌 상대의 마음은 '예스 멘
탈 세트'로 열어라.

똑똑한
대화
꿀팁

5

1번의 질문으로 100을 얻는 질문법

대화의 문제로 고민인 분들과 자주 상담을 하고 있다. 부부, 직장인, 영업 사원, 학교 선생님 등 다양한 상황에 처한 당사자들이 솔루션을 얻으러 온다. 이때 나는 각자에게 꼭 맞는 처방을 내놓기 위해 고민한다. 마치 의사가 배앓이하는 사람에게 위장약을, 머리 아픈 사람에게 두통약을, 몸이 쑤신 사람에게 몸살약을 척척 맞춰 처방하듯이 상대의 문제 상황에 맞게 처방책을 주려 한다.

의사는 환자의 말을 듣고 진찰하고 나면 단박에 환자의 문제를 발견한다. 그러곤 군더더기 없이 그 문제를 해결하는 처방책을 내놓는다. 처방책에는 애매모호함이라는 말은 있을 수 없다. 아픈 곳을 고쳐줄 정확하고 분명한 핵심만이 담긴다.

대화법 전문가인 나 역시 의사처럼 핵심을 담은 처방책을 주고 싶다. 하지만 대화의 문제는 당사자의 심리와 감정, 외부 환경 등 다양한 변수가 작용해서 생긴다. 그런 만큼 정확한 솔루션을 찾기가 간단하지 않다. 그럼에도 최대한 내담자의 대화 문제를 해결하는 처방책을 찾기 위해 노력하고 있다.

이때 내가 주로 쓰는 방안은 '열린 질문'을 던지는 것이다. 열린 질문은 닫힌 질문과 비교하면 확연하게 알 수 있다. 후자는 '예', '아니오'라고 단답형으로 대답할 수 있도록 하는 질문이며, 전자는 자유롭게 생각나는 대로 대답할 수 있도록 대화의 문을 여는 질문이다. '닫힌 질문'의 예는 다음과 같다.

"남편을 싫어하게 된 일이 있었습니까?"

"상대의 말을 잘 안 듣고 일방적으로 말을 하십니까?"

이와 달리 열린 질문을 하면, 내담자에 대한 많은 정보를 얻을 수 있다. 내담자가 틀에 갇히지 않고 자유롭게 대답하는 과정에서 다양한 정보를 노출하게 되기 때문이다. 이 과정에서 그 자신이 의식하지 못했던 문제의 원인을 발견할 수도 있다. '열린 질문'의 예는 이렇다.

"왜 남편과 대화에서 문제가 생겼다고 생각하세요?"

"누구와 언제, 어디에서 대화를 할 때 불통이 생긴다고 보십니까?"

이런 질문에는 '누가, 언제, 어디서, 무엇을, 어떻게, 왜' 라는 의문이 담겨 있다. 이에 대해 내담자가 최대한 형식에 구애받지 않고 대답을 하도록 돕다 보면, 그의 생각, 감정, 의견 등을 알 수 있게 된다. 이 과정에서 대화 문제를 해결할 핵심 처방책이 자연스레 떠오른다. 따라서 열린 질문을 할 때는 절대 내담자의 이야기를 특정 방향으로 끌어가거나, 특정 생각을 주입하지 말아야 한다. 이렇게 되면 내담자에게 닫힌 질문을 던진 것과 다를 바 없어지기 때문이다.

이러한 <u>열린 질문은 핵심 메시지를 상대에게 전달하고 원하는 것을 얻으려는 모든 사람에게 유용하다.</u> 닫힌 질문을 하면 상대에 대한 정보를 거의 얻을 수 없다. 따라서 열린 질문을 잘 던지는 게 중요하다. 이를 통해 상대의 급소를 제대로 파악하고 나면 상대에게 절실한 핵심 메시지를 날릴 수 있다. 단 한 방으로 원하는 것을 온전히 낚아챌 수 있다.

"이 제품을 사실 겁니까?"
"이 조건을 충족시키면 되겠죠?"

이런 닫힌 질문 대신에 다음과 같은 열린 질문으로 상대가 절실하게 여기는 것을 파악해야 한다.

"어떤 제품을 찾으십니까?"
"이 조건을 충족시키면 어떨까요?"

6부

실패를
제로로 만드는
작은 습관

피하고 버려야 할
말버릇

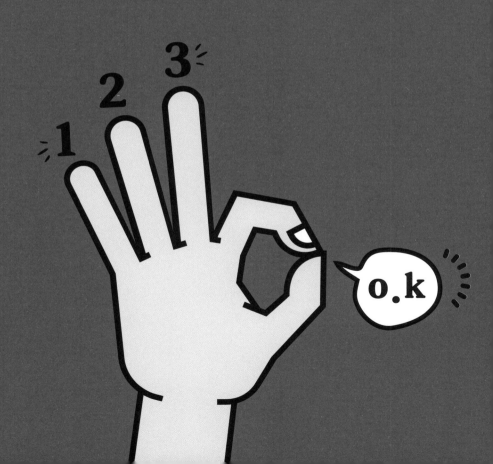

타이밍을 못 맞춘
잡담은 마이너스다

　잡담을 잘하는 사람 주위에 유독 사람들이 모인다. 잡담
은 부담 없이 재밋거리로 들을 수 있으며, 관계의 윤활유 역
할을 하기 때문이다. 이와 달리 잡담을 못하는 사람은 인기가
없을 가능성이 높다. 아무래도 분위기가 늘 사무적이고 딱딱
해지기 때문이다.

　그래서 대화를 할 때 적절한 잡담은 때때로 유용한 감초

역할을 한다. 대략 30초 정도의 시간 동안 잡담을 하게 되면 몰라보게 상대와 친밀해지는 걸 알 수 있다.

인류학자 로빈 던바는 인류의 언어가 친교를 위한 잡담에서 생겨났다고 주장한다. 유인원들은 많은 시간을 동료의 털 고르기를 하면서 보낸다. 이런 행위를 통해 결속력을 다지는 것인데, 털이 없는 인간은 털 고르기를 할 수 없었다. 이때 털 고르기를 대신해 잡담이 생겨났다고 한다. 특별한 목적을 가지지 않고 간단한 이야기를 쏟아놓는 행위를 통해 동료와의 친밀도를 높였다는 것이다. 로빈 던바는 사회적 관계를 많이 맺는 사람이 진화한 사람이라고 보면서 이렇게 주장했다.

"잡담은 시간 낭비가 아니다."

대화법 전문가인 나는 항상 잡담의 중요성을 강조하고 잡담이 대화의 에피타이저가 된다고 본다. 그래서 영업자에게, 직원과의 갈등을 빚는 상사에게 이렇게 말한다.

"어깨의 긴장을 푸시고 우선 잡담을 시작하세요. 그러고 나면 몰라보게 상대와 가까워지게 됩니다. 그 뒤에 하고 싶은 말을 해도 늦지 않아요."

그런데 잡담도 사용하는 '타이밍'이 중요하다. 좋은 무기도 때와 장소에 맞게 적절히 사용해야 그 가치가 살아난다. 이를 망각하고 잡담이 과해지면 핵심을 놓치게 되어 앙금 없는 찐빵 소리를 듣게 된다. 잡담의 부작용이 생기는 경우는 크게 두 가지로 '잡담을 지나치게 많이 할 때'와 '잡담이 필요하지 않은 상황에서 할 때'다.

먼저, 잡담을 지나치게 많이 해서 부작용이 생긴 사례를 보자. 자주 가는 백화점이 있다. 이곳 직원들은 체계적이고 전문적인 고객 응대 서비스 교육을 받았다. 옷차림에서 말하는 센스까지 무엇 하나 흠잡을 데가 없었다. 직원들은 고객에게 잡담을 하며 말문을 여는 노하우를 알고 있었고, 적절한 잡담에 이끌린 고객들이 발걸음을 멈추고 매장 직원의 말에 귀를 기울이곤 했다.

그런데 가전제품 판매를 담당하는 한 주부 직원은 잡담이 지나친 게 흠이었다. 표정도 밝았고 사교성이 있었지만 입을 열었다 하면 잡담이 끊임없이 쏟아졌다. 부동산 정책, 패션, 드라마, 영화, 사건 사고 등 헤아릴 수 없을 정도로 많은 이야기를 해댔다.

"아파트에 사시니까 잘 아시겠지만 이번에 정부가 내놓은 9.13 대책 있잖아요. 그게 말이죠… 어머, 근데 이 옷 어느 브랜드예요? 너무 근사하시다… 요즘 예능에 나온 김남주가 입은 옷 말이죠. 에휴, 어제 근처 빌딩에서 화재가 났더라고요…"

고객은 그 판매 직원의 사근사근한 말투 때문에 처음에는 호감을 갖고 시간 가는 줄 모르고 들을 수밖에 없었다. 하지만 한 번 이걸 겪고 난 고객은 차츰 그 직원을 피하게 되었다. 직원의 잡담을 다 들어줄 시간이 없는데 핵심 없는 이야기가 끊임없이 이어지니 짜증이 났기 때문이다. 게다가 정작 고객이 듣고 싶어 하는 이야기를 들으려면 10분 이상을 기다려야 했다.

『논어』에 과유불급이라는 말이 있다. 지나치면 부족한 것보다 못하다는 말이다. 이렇듯 그 직원은 30초 정도로 끝내야 할 잡담에 지나치게 많은 시간을 할애했기에 결국 잡담의 효과를 반감시키고 말았다.

다음으로 적절하지 않은 상황에서 잡담을 해서 부작용이 생긴 사례를 살펴보자. 비즈니스 현장에서는 짧은 시간 안에 대화를 끝내야 하는 상황이 있다. 그 이상의 시간이 없거나 대화 자체를 반기지 않는 상황도 있다. 그 대표적인 사례가 '엘리베이터 스피치(elevator speech)'다. 이는 할리우드의 영화감독들이 엘리베이터를 타고 가는 동안 투자자의 마음을 사로잡기 위해 하는 대화를 말한다. 그들은 엘리베이터를 타고 가는 30초에서 60초 사이에 상대방에게 핵심을 전달해야 한다. 이를 무시하고 이렇게 말한다면 단 한 푼의 투자도 받지 못할 게 뻔하다.

"저는 유명 영화 제작 학교 출신인데요, 스티븐 스필버그 감독을 사사했습니다. 개인적으로 스티븐 스필버그 감독을 존경해서 제가 관심을 갖고 있는 영화는 〈ET〉, 〈우주 전쟁〉 같은 SF 영화입니다. 요즘 영화 산업이 많이 위축된 게 사실이지만 저는 이번에 의욕적으로…"

잡담은 대화를 매끄럽게 이어주는 역할을 하는 게 사실이다. 하지만 이를 적절히 제어하지 못하면 독이 되고 만다. 그래서 상대방으로부터 허튼소리를 해대는 사람으로 오해받을 수 있다. 잡담은 꼭 필요한 만큼만, 상황에 맞게 해야 한다.

'Yes or No?'
내 마음부터 정해라

 "이번에 기획한 제품은 20대의 청춘을 겨냥했습니다. 경제력이 없고, 우울한 심리를 갖고 있는 청춘들이 이 제품을 통해 위안과 위로를 받았으면 합니다. 그뿐 아니라 이 제품은 40대 이상의 경제력 있는 중장년층에게도 어필한다고 봅니다. 이 제품에는 그들의 추억을 되살려주는 요소를 장착했는데요. 그러니까…"

모 프레젠테이션 대회에서 심사를 할 때, 한 대학생이 이렇게 발표를 했다. 얼핏 들으면 그 제품은 다양한 연령층을 아우르고 있기에 시장성이 큰 것으로 느껴진다. 20대 사이에서도 팔리고, 40대 이상에게도 팔리는 제품이라니, 이 얼마나 좋은가! 하지만 이게 가능할 것이라는 생각은 완전 착각이다.

　시장은 그리 호락호락하지 않다. 20대면 20대, 40대면 40대를 콕 집어서 그 타깃에 맞게 정확히 기획해야 제품이 시장에서 주목을 받는다. 그렇지 않으면 20대에게서는 '나하고 딱 맞는 게 아니네'라는 반응을 얻고, 40대에게서는 '이건 20대 청춘에게 맞는 제품이네'라는 반응이 나올 수 있기 때문이다. 마케팅을 구애하는 남자에 비유한다면, 정확한 타깃층을 잡아 한 여성을 콕 집어서 그에게만 정성을 기울여야 한다. 만약 두 여성에게 추파를 던지면서 사랑을 얻으려고 할 경우, 모두에게서 거절당할 수밖에 없다.

　따라서 프레젠테이션을 하는 그 대학생은 20대 아니면 40대 이상의 중장년층 중의 하나를 타깃으로 정해 제품 기획을 하고 그에 집중해서 발표하는 편이 나은 결과를 냈을 것이다. 그래야 발표가 힘 있게 전달이 되는 것과 함께 듣는 사람에게 호소력 있게 다가갈 수 있다.

이렇듯 원하는 것을 얻기 위한 말하기를 할 때는 분명하게 입장을 내놓는 게 매우 중요하다. 짜장면이면 짜장면이고 짬뽕이면 짬뽕이라고 칼로 자르듯 분명하게 입장을 제시해야 한다. 짜장면도 있고, 짬뽕도 있는 짬짜면을 내세우는 순간, 그 사람의 말은 힘을 잃어버린다. 그가 얻고자 하는 것이 무엇인지 선명히 드러나지 않을 뿐더러 무슨 말을 하는지 단박에 파악이 되지 않는다.

우리 주변의 대화를 들여다보면 실제로 많은 분들이 자기 입장을 분명히 밝히지 못하는 경우가 많다. 실로 결정 장애를 겪고 있는 듯할 정도로 심각하다. 직장에서 회의를 할 때 직원은 상사의 눈치를 보기 때문인지 이렇게 말하곤 한다.

"저는 팀장님의 입장과 다르긴 하지만 이번에는 팀장님의 입장을 긍정적으로 봅니다. 그러니까 저는…"

수업에서 발표를 하는 대학생은 이렇게 말하곤 한다.

"저는 이 화가의 작품에게서 부정적 세계관을 파악하는 것은 물론 긍정적 세계관을 엿보고 있습니다…."

동네 사람들끼리 길고양이 문제로 회의를 할 때 마을 주민은 이렇게 말하곤 한다.

"저는 동물 애호자로서 길고양이에게 사료를 제공해줘야

한다고 봅니다. 그렇게 해야 생명에 대한 존중을… 하지만 길고양이가 시끄럽게 울어대고 쓰레기를 헤집고 다니면서 피해를 주는 것도 사실이니만큼 엄격하게 길고양이를 퇴치하는 것을 추진해야 한다고 봅니다."

이런 식으로 말을 하면 말하는 사람의 입장을 알 수 없다. 또한 말하는 사람은 핵심만을 전달하지 않고 곁가지를 계속해서 이어 붙이게 된다. 그리하여 듣는 사람은 저 사람이 무슨 말을 하는 건지 종잡을 수 없게 된다.

듣는 사람으로 하여금 요지를 단박에 파악할 수 있게 말하려면, 말하는 사람이 'yes'인지 'no'인지를 분명히 밝혀야 한다. 이렇게 뚜렷하게 자기 입장을 말하려면 다음 두 가지를 잘 기억해야 한다.

첫째, 반대 의견으로 상대방이 무안을 당할까 하는 걱정에서 벗어나야 한다. 다른 의견을 내놓는 것은 절대 상대방의 인격을 무시하는 행동이 아니다. 의견은 의견일 뿐이다.

둘째, 과감하게 입장을 정리하는 결단력을 가져야 한다. 자기 입장이 'yes'도 아니고 'no'도 아닌 어중간한 상태일 때, 냉정하게 조금이라도 많은 퍼센트를 차지하는 한쪽을 선택해야 한다. 미련 없이 다른 걸 버려야 한다. 그래야 정확하게 내가 원하는 바로 '그것'을 상대에게서 얻어낼 수 있다.

아무 말 대잔치는
삼천포로 빠지는
지름길

직원 "오늘 패션이 훌륭하시네요."

상사 "그래, 어디가 좋게 보이나?"

직원 "음… 오늘 회의는 언제 시작하십니까?"

흔히 접하는 대화다. 얼핏 보면 아무런 문제가 없어 보이
지만 이 대화에는 매우 심각한 오류가 있다. 처음에 직원은

상사와 상사의 패션에 대해 이야기를 시작했고, 상사는 그 패션이라는 화제에 집중해서 자신의 궁금증을 물어보았다. 여기까지는 순조롭게 대화가 이어졌다. 하나의 화제가 일관되게 유지되고 있다.

그런데 직원의 맨 마지막 말이 엉뚱하다. 정작 자신은 패션이라는 화제로 말문을 열었는데, 불쑥 회의 이야기를 꺼냈다. 이렇게 되면 대화가 매끄럽게 이어지지 못하고, 소통이 끊기게 된다. 이와 함께 상대방은 당황할 수밖에 없다. 직원은 자신의 꺼낸 화제, 곧 상사의 패션에 초점을 맞추어 이야기를 이어가야 하고 그것을 마무리해야 한다. 하지만 그러기는커녕 동문서답을 하고 말았다.

이처럼 **말할 때 본래의 핵심에서 벗어나 쓸데없는 말을 하는 걸 '논점 일탈'이라고 한다.** 그 한 예가 동문서답이다. 논점 일탈은 자기소개, 발표, 토론 등 일상에서 심심치 않게 발견할 수 있다. 말 잘하기로 소문난 쇼호스트의 말 속에서도 여지없이 찾아볼 수 있다. 다음 사례를 보자.

"이 공기청정기는 초미세먼지를 잡아주는 데 탁월한 기술력을 자랑해요. 요즘 초미세먼지 때문에 주부님들 고민이 많으시잖아요. 초미세먼지는 인체에 흡수되어 쌓여서 각종 질환을 일으킨다고 합니다. 그런데 초미세먼지가 심한 날이 더 자주 생기고 있으니까 걱정이 이만저만이 아니에요. 정부에서 국민의 건강을 보호하는 차원에서 적극적으로 초미세먼지 대책을 세웠으면 좋겠어요. 다행히 이번 정부에서 특별히 관심을 갖고 대책을 세운다고는 하더라고요."

이 말에서, 쇼호스트가 강조하고자 하는 건 '이 공기청정기는 초미세먼지를 잡아주는 데 탁월한 기술력을 가지고 있다'는 점이다. 따라서 쇼호스트는 그 핵심에 맞추어 말을 이어가야 한다. 그런데 맨 마지막 두 줄에 엉뚱한 말이 튀어나왔다.

'정부에서 국민의 건강을 보호하는 차원에서 적극적으로 초미세먼지 대책을 세웠으면 좋겠어요. 다행히 이번 정부에서 특별히 관심을 갖고 대책을 세운다고는 하더라고요.' 이 말은 곁가지로 과감하게 잘라내야 한다.

이는 애초에 쇼호스트가 강조하려고 했던 것에서 벗어난 이야기다. 이 두 줄의 말이 나오기 전까지는 핵심에 맞추어 이야기를 잘 풀어갔다. 하지만 이후 핵심과 관련 없는 이야기를 늘어놓음으로써 잘 가다가 삼천포로 빠지고 말았다.

일상의 대화에서도 그렇다. 자신이 강조하고자 하는 핵심을 언급해놓고도 중간에 샛길로 빠지는 경우가 허다하다. 다음 사례를 보자.

"요즘 회사생활 때문에 엄청 스트레스를 받고 있어. 그래서 끊었던 담배를 다시 피고 있지 뭐야. 대체, 백해무익한 담배를 왜 시중에서 팔게 하는 거야. 이 담배 때문에 사람들 건강을 해치고 있는데 말이야. 담배는 없어져야 한다고 봐."

이 말의 핵심은 회사생활로 스트레스를 받아서 담배를 피우고 있다는 점이다. 따라서 이 핵심에 집중해서 말을 해야 한다. 이것에서 벗어나면 논점 일탈이다.

논점을 일탈한 말은 얼핏 들으면 화제가 많아 보이고, 막힘없이 이야기를 줄줄 이어가는 것처럼 보인다. 하지만 이런 말에는 논리성이 결여되었다. 원하는 것을 얻고자 한다면 누군가에게 말을 건네기 전에 핵심이 무엇인지 마음속으로 한 번 정리한 뒤 삼천포로 빠지지 않도록 주의해서 말을 해야 한다.

관계를
‘척’지게 하는
‘척’들

　요즘 TMI(Too Much Information)라는 신조어가 유행이다. ‘너무 과한 정보’라는 뜻으로 굳이 알고 싶지 않은 이야기나 달갑지 않은 정보를 나타내는 말이다. 대화를 할 때 무의식적으로 TMI를 쏟아내는 사람들이 많다. 묻지도 않았고, 또 알기를 원하지 않은 이야기를 늘어놓는다. 이로 인해, 대화가 지루해지는 건 당연하고 심각할 경우 짜증이 나면서 소통의 장애가 발생한다.

이렇게 쓸데없는 이야기가 대화에 끼어들었을 때 생기는 큰 문제는 말하는 사람의 핵심이 흐려져 버린다는 점이다. 그래서 듣는 사람은 고개를 갸웃거리게 된다. 과연, 쓸데없는 이야기는 어떨 걸 말할까? 대표적인 두 가지가 있다.

변명

변명이 습관화된 사람들은 "…고 생각하실지 모르지만", "사실은 말이죠…", "…(하)지만…"이라는 말을 입에 달고 산다. 오해하지 말아야 할 것은 절대 이런 표현은 겸손의 발로가 아니라는 것이다. 소통의 찌꺼기일 뿐이다. 변명이 습관이 된 사람들은 상대방이 무엇을 묻든지, 또 자기가 무슨 말을 하든지 이런 표현을 해야 안심이 된다. 가령, 회사 대표가 팀장에게 프로젝트가 잘 진행되고 있냐고 물었다고 하자. 그러면 변명을 잘하는 팀장은 이런 식으로 말을 한다.

"요즘 우리 팀의 분위기 좋지 않았습니다. 팀원 간의 갈등도 있었고, 일부 팀원의 퇴사도 있었습니다. 그렇기 때문에 이번 프로젝트의 원활한 진행이 어렵다고 생각하실지 모르지만 현재 잘 진행되고 있습니다. 예정된 일정에 딱 맞춰서 착착…"

대표가 알고 싶은 건 프로젝트가 잘되고 있느냐 그렇지 않느냐이다. 따라서 팀장은 그에 맞춰서 잘 진행되고 있다고 한마디로 말하면 끝이다. 이 말 앞에 늘어놓는 말은 불필요하고 거추장스럽다. 그 말을 들은 짧은 순간, 대표는 이런 생각에 빠진다.

'답답하게 말하네. 프로젝트에 자신이 별로 없나 보군.'

영업 사원의 경우도 그렇다. 설명이 산뜻하게 제품 소개로 시작해서 제품 소개로 끝나도 시간이 부족할까 말까 한데, 꼭 변명을 앞에 늘어놓고 말을 시작하는 경우가 있다. 가령 이런 식이다.

"저는 영업을 한 지 일주일밖에 안 되어서요. 아직 새내기라서 여러모로 서툴고 모자라지만 열심히 제품을 소개해보겠으니…"

이 역시 변명을 접하는 즉시 고객은 시큰둥한 반응을 보이며 귀를 닫아버린다. 그래서 제품 소개가 제대로 들리지 않는다.

자기 자랑

자기 자랑을 잘하는 사람들은 "원래 내가…", "한때 내가 말이야…", "내 경우에도…", "우리 가문(자식)은…"이라는 말을 자주 한다. 두 가지의 경우가 있다. 대화의 서두에 대놓고 자기 자랑을 하는 경우와 대화의 맥을 교묘히 자기 자랑으로 연결시키는 경우다.

전자의 경우는 늘 입을 열었다 하면 자기 자랑을 먼저 늘어놓는다. 어김없이 자기 자랑을 서두에 해놓아야 입이 풀린다는 식이다. 가령, 회사 제품의 마케팅 방안에 대해 회의를 할 때 이렇게 말한다.

"마케팅을 이야기하는 자리니까 말인데요, 원래 내가 미국 동부 아이비리그 MBA 출신이잖아요. 거기서 마케팅을 공부할 때 『넛지』로 유명한 노벨경제학 수상자인 리처드 탈러에게서 직접 강의를 들었는데…"

후자의 경우는 대화의 맥을 잘 짚어가다가 자기 자랑으로 이어나간다. 가령, 음악하는 친구끼리 〈보헤미안 랩소디〉 영화에 대해 이야기를 한다고 하자. 그러면 이렇게 자랑을 한다.

"그 영화 재밌더라고. 무엇보다 영화관에 울려퍼지는 퀸의 노래들이 너무 좋았어. 그 가운데 대표작인 〈보헤미안 랩소디〉는 매우 창의적으로 만들었더라고. 제작자가 극구 반대하는 걸 무릅쓰고 실험적으로 만들어서 나중에 대성공을 거두었다는 게 인상적이었어. 내 경우에도 항상 관습적 음악을 그냥 따라 하지 않고 늘 새로운 음악을 추구하고 있어. 사람들이 내 노래를 들으면 파격적이라고 하던데 내 음악도 언젠가 세상 사람들이 인정할 날이 올 거야."

대화에서 변명과 자기 자랑은 불필요한 말을 늘어놓게 만든다. 그래서 정작 전달하고자 하는 핵심이 상대방의 귀에 잘 전달되지 않는다. 상대에게 핵심을 전달하고자 하는가? 그렇다면 변명과 자기 자랑부터 빼라. 담백하게 말하는 것으로 이미 완벽하다.

원하는 것을 얻는 사람은
3마디로 말한다

초판 1쇄 발행 2019년 4월 19일 초판 2쇄 발행 2019년 5월 29일

지은이 오수향
펴낸이 연준혁

출판 2본부 이사 이진영
출판 6분사 분사장 정낙정
책임편집 허주현
디자인 김미성(섬세한 곰)

펴낸곳 (주)위즈덤하우스 미디어그룹 **출판등록** 2000년 5월 23일 제13-1071호
주소 (410-380)경기도 고양시 일산동구 장항동 846번지 센트럴프라자 6층
전화 031)936-4000 **팩스** 031)903-3893 **홈페이지** www.wisdomhouse.co.kr

ⓒ오수향, 2019
값 13,800원
ISBN 979-11-90065-24-5 03320

• 인쇄 · 제작 및 유통상의 파본 도서는 구입하신 서점에서 바꿔드립니다.
• 이 책의 전부 또는 일부 내용을 재사용하려면 사전에 저작권자와
  (주)위즈덤하우스 미디어그룹의 동의를 받아야 합니다.

• 이 도서의 국립중앙도서관 출판예정도서목록(CIP)은 서지정보유통지원시스템 홈페이지(http://seoji.nl.go.kr)와
  국가자료공동목록시스템(http://www.nl.go.kr/kolisnet)에서 이용하실 수 있습니다.
  (CIP제어번호: CIP2019013645)